밀레니얼은
처음이라서

89년생이 말하는 세대차이 세대가치

밀레니얼은
처음이라서

박소영·이찬 지음

KMAC

우린 '장그래'가 싫어요

너와 나의 거리

우리 팀은 회사 내에서도 단합이 잘되기로 유명하다. 그 이유 중 하나로 우리 팀만의 회식 문화를 꼽을 수 있다. 1,2차에서 술만 진탕 마시는 다른 부서와 달리, 우리 팀은 함께 영화를 본 후 맥줏집에서 그날 본 영화에 대한 감상을 평하거나 그 밖의 것에 대해 진솔한 이야기를 나누는 자리를 가지기 때문이다. 술 한잔 기울이며 업무 스트레스도 날리고, 팀원들 간에 끈끈한 애정이 생겨서 그 시간이 참 좋다.

그런데 최근 신입사원이 들어오고 나서 고민이 생겼다. 말은 하지 않지만 그 신입사원이 불편해하는 것 같았다. 처음에는 입사한 지 얼마 되지 않아 어색해서 그러려니 싶었는데, 매번 2차를 가더라도 자리를 지키지 않고 일찍 집에 가곤 했다. 팀원들이랑 술자리에서 친해지지 못하니 신경이 쓰인다.

예전에 내가 신입사원이었을 때는 내 일이 끝나더라도 선배들에게 일이 남아 있으면, 먼저 "도와드릴 게 없을까요?"라고 물어보며 함께 야근하고 야식도 시켜 먹으면서 친해지기도 했다. 그런데 요즘 친구들은 퇴근 5분 전부터 가방을 챙기기 시작해서 정각이면 바람과 같이 사라진다.

우리 부서 신입은 매번 업무를 시작하는 시간인 9시 정각에 출근한다. 미리 와서 업무 준비를 마쳐야 효율적이므로 15분 전에는 도착하는 것이 좋다고 조언했더니 표정이 밝지 않다. 옆에서 그 이야기를 들은 김 대리가 다가와 요즘 애들은 '정출정퇴(정시 출근, 정시 퇴근)'하니 신경 쓰지 말라고 한다. 하지만 나는 걱정스럽다.

계속 신경을 쓰기보다는 같이 이야기를 나누는 자리가 있으면 어떨까 싶어서 신입에게 점심 후 커피 타임을 신청했다. 회사, 업무, 취미, 사는 이야기 등을 하며 30분간 대화의 시간을 가졌다. 마지막에는 힘내서 열심히 일하자며 파이팅도 외치고 돌아왔는데, 곰곰이 생각해보니 내 얘기만 한 것 같다. 회사 적응 문제나 일에 대해서 다 좋다고만 하고, 개인적인 질문에도 단답형으로 대답하니, 민망한 나머지 내 이야기만 늘어놓았던 것이다. 파이팅도 나만 신나서 했던 것 같은데…….

회사 생활을 하면서 상사와 팀원들 간에 갈등이 없었던 적은 없다. 하지만 이러한 갈등은 대부분 실적이나 업무와 관련된 것이었다. 그런데 우리 부서 신입은 갈등을 일으키기보다는 맡은 일을 착실히 하는 친구다. 예의도 바른 편이고, 말이나 행동 면에서 문제를 일으키지도 않는다. 팀원들 간에 개인적인 문제나 고민을 주고받으면서 팀워크가 다져진다고 생각하는데, 신입이랑 어떻게 풀어가야 할지 난감하다. 그래서 업무 지시를 하고, 피드백을 줄 때도 신경이 쓰인다.

'요즘 애들은 남다르다'고 해서 대화를 유도하고, 분위기를 풀어보려고 신조어도 써보고, 회식 자리도 자주 마련하고, 커피 타임도 자주 가지려고 하는데, 좀처럼 거리가 좁혀지지 않는 느낌이다. 어떻게 하면 그 거리를 좁힐 수 있을까?

> "여러 세대를 연구했지만 밀레니얼 세대야말로 가장 획기적이며 지금과는 다른 신세대."
>
> – 데이비드 스틸먼, 『세대 간의 충돌』

각종 연구기관에서는 이들을 미래 산업을 이끌 중심 세력으로 규정하고 있으며, 기업은 밀레니얼을 고객으로 유치하기 위하여 이 세대를 이해하려는 노력을 아끼지 않는다. 그러한 노력은 조직 내에서도 이루어지고 있는데, 유수의 기업들이 유연근무제를 시행하고, 수평적 문화를 시도하는 중이다. 노동의 주역인 밀레니얼 세대와 효율적으로 일하기 위한 고민을 하고 있는 것이다. 하지만 미국의 한 연구기관에서 최고재무책임자CFO들을 대상으로 한 설문 조사에 따르면, 여전히 조직에서 세대별 차이가 가장 크게 나타나는 부분은 '의사소통'이라고 한다. 이처럼 조직 내에서 밀레니얼 세대는 숙제 같은 존재이다.

그렇다면 '획기적인 신세대'라는 밀레니얼 세대는 과연 누구를 말하는 것일까? 미국에서는 우리나라보다 세대 연구가 활발하게 이루어져왔기 때문에 그들만의 구분 방식이 있다. 전 세계적으로 밀레니얼 세대에 대한 공통적인 특성들이 있는데, 한국은 독특한 근현대사와 경제사를 거쳐왔기 때문에 미국의 구분법이 완벽히 들어맞지 않는다. 우리나라의 세대 구분에 대해서 전문가들의 의견은 각기 다른데, 〈표 1〉처럼 출생 연도와 주요 사회 이슈를 기준으로 분류하는 것이 보편적이다.

밀레니얼 세대는 1981~1996년에 출생하여 IMF와 월드컵을

<표 1> 세대의 구분법

세대	출생 연도	주요 사회 이슈
산업화 세대	1940~1954년생	한국전쟁·베트남 전쟁
베이비붐 세대	1955~1959년생	5.16군사정변·새마을 운동
386세대	1960~1969년생	6월 항쟁·민주화 운동
X세대	1970~1980년생	성수대교·삼풍백화점 붕괴
밀레니얼 세대	1981~1996년생	IMF·월드컵
Z세대	1997년생~	국제금융위기

출처: 한국경제[1]

경험한 세대이다. 정치와 산업의 격동기를 지낸 베이비붐 세대를 부모로 두었다. 2000년이라는 밀레니엄 시대를 맞이했으며, 어린 시절에 아날로그에서 디지털로 이동한 세대이다. X세대의 다음이라 'Y세대'라고 불리기도 한다. 이들 다음으로는 Z세대가 있다. Z세대는 디지털 시대에 태어난 '디지털 네이티브Digital Native'이다. 스마트폰과 텍스트 메시지, 그리고 이미지와 동영상을 자유자재로 다룬다. X세대를 부모로 두고 있으며, IMF 이후에 태어나 국제금융위기를 성장기에 경험했다는 특징이 있다.

　이 책에서는 밀레니얼 세대와 Z세대를 포괄하여 '밀레니얼 세대'로 지칭했다. 1996~1997년생이 인턴십 등을 통하여 이른 나이에 사회로 진출하고 있기 때문이다. 책을 준비하면서 1980년대 초반부터 1990년대 후반 출생자까지 인터뷰를 두루 거쳤다. 그 결과 1980년대 초반 출생자의 경우는 X세대에, 1990년대 중반 출생자의 경우는 Z세대에 가까운 특성을 보였다. "10년이면 강산도 변한다"는 말이 있듯이, 같은 밀레니얼 세대의 범주에 속하더라도 확연히 차이를 보인다. 조직에서 고민하는 대상은 대부분 1990년대에 출생한 직원들이기 때문에 공통된 특징을 묶어 '밀레니얼 세대'로 소개하고자 한다.

2019년 상반기에 '밀레니얼-Z세대'를 주제로 행사를 준비하기 위해서 대기업 부장부터 학교 선생에 이르기까지 다양한 직업군과 연령대의 사람들을 만나 인터뷰를 진행했다. 앞에서 다룬 신입사원 관련 사례는 각 기업에서 10년 이상 근무한 분들을 대상으로 직장에서 겪었던 일을 이야기로 엮어 재구성한 것이다. 그들의 시선에서 신입사원들은 '개인주의적'이고, '끈기'가 없으며, '조직애'가 부족한 계층으로 인식되고 있다. 조직에서 큰 갈등을 일으키지는 않지만, 마치 풀리지 않는 숙제와 같은 '요즘 애들'을 이해하기 어려워한다.

시중에 밀레니얼이나 1990년대생에 대한 책들이 속속 출간되고 있으며, 그중에는 각 기업의 관리자와 인사 담당자들의 필독

서로 선정될 정도로 큰 인기를 얻은 책도 있다. 하지만 책을 펼쳐 보면 이들을 규정하며 특징들을 나열하기만 할 뿐, 막상 이들과 어떻게 소통을 해야 하는지에 대한 답은 찾기 어렵다.

우리는 89년생이다. 88만 원 세대로 규정된 1980년대 끝자락에서 태어나 1990년대 아날로그와 디지털의 시대 교체를 온몸으로 받아들였다. 어쩌면 윗세대의 고충을 이해하면서도 90년대생과 어울릴 수 있는 유연함을 가진 마지막 밀레니얼 세대일 수 있다. 그 덕분에 조직 내 위아래 세대의 고민을 가까이에서 들을 수 있는 위치다.

X세대 또는 베이비붐 세대에게 가장 많이 듣는 하소연 중 하나는 조직 내에서 '당연하다고 여기는 것'에 대한 밀레니얼 세대의 반응이 전혀 예상치 못했던 것이라서 말문이 턱 막힌다는 점이다. 때로는 논리 정연함에 일리가 있다고 생각되기도 하지만, 마음속 깊은 곳에서는 받아들이기가 어렵다.

한 직장인 온라인 커뮤니티에 어느 중소기업 대표가 "회사에서 어떻게 해야 요즘 친구들을 붙잡을 수 있을까요"라는 제목으로 쓴 글이 올라온 적이 있다. 밀레니얼 세대 회원들에게 진심 어린 조언을 구하는 내용이었다. 중소기업의 특성상 연봉과 복지가 턱없이 부족한 것을 인정하며 조직 구조 개편이나 경력 개발 등에 큰 노력을 기울이고 있지만, 대표의 눈으로는 그들이 진정 원하는 것이 무엇인지 방향을 잡기 어렵다는 것이었다.

이 진정성이 느껴지는 글에 밀레니얼 세대는 뜨겁게 반응했고, 조직에 바라는 점이나 방향성에 대해서 조언해주는 댓글이 수십 개나 달렸다. 이처럼 진정성 있는 소통은 상대방의 눈높이에서 바라보고자 노력할 때 시작된다.

글 밖에서 만난 밀레니얼 세대는 '개인주의적'이기보다 '자신'을 가꿀 줄 알고, '끈기'가 없기보다 자신의 '경력에 욕심'이 있으며, '일에 대하여 진지한' 친구들이었다.

이 책에 규정된 특징들은 맞을 때도, 다를 때도 있다. 사람마다 성장 배경도, 성격도, 가치관도 다르므로 '세대'라는 큰 범주 안에서 규정할 수 없기 때문이다. 밀레니얼 세대라는 프레임을 가지고 바라본다면 '신세대'에 대한 새로운 편견이 생겨나는 문제도 있다. 그런데도 이 책에서 밀레니얼 세대의 특징을 묶어 이야기하는 것은 내일 당장 이들과 부대끼며 일을 해야 하는 '김 팀장님들'이 있기 때문이다. 조직 속에서 적용할 수 있는 힌트가 필요한 김 팀장님들을 위하여 본문에서는 실제 사례들을 각색한 에피소드를 소개했다.

"라떼는 말이야"에 담긴 꼰대의 성공 방정식

기성세대가 자주 쓰는 말 중 하나인 "나 때는 말이야"를 풍자한 "라떼는 말이야"가 한동안 유행을 했다. '나 때'와 비슷한 발음의 '라떼'와 '말'을 번역하여 "Latte is a horse"라고 바꿔 말하기도 했다.

　이 유행어의 기원에 대해서 의견은 분분하나 대중적으로 이슈가 된 것은 말 그림이 그려진 컵을 든 한 중년 배우가 "나 때는 말이야, 말이야"라며 농담하는 모습이 담긴 한 생명보험사의 광고가 인기를 끌면서부터였다. 여기저기 '꼰대 주의보'가 내려지고, '꼰대'라고 하면 경멸하는 요즘 시대상을 잘 반영한 위트가 느껴지는 표현이다.

　꼰대어의 대표 주자인 "나 때는 말이야"라는 말속에는 사실 윗세대의 성공 방정식이 담겨 있다. 조직 내 인간관계 처세술, 업무를 대하는 자세 등 그들이 사회생활에서 중요하게 여기는 가치를 반영한다. 이른바 "개천에서 난 용"이라고 불리는 사람들이 꼰대의 중심으로 떠오른 이유도 지금의 위치에 오르기 위하여 들인 노력과 희생이 있다는 점이 한몫했다. 문제는 세상은 빠르게 변하고 있고, 요즘에는 그 공식이 통하지 않는다는 사실이다. 그때와 사회경제 구조가 많이 달라졌고, 노력해도 꿈을 이루기는커녕 포기해야 하는 것이 많은 젊은 세대에게 "나 때는 말이야"와 같은 일방 통행식 조언은 통하지 않을 수밖에 없다. 그들의 성공 방정식이 오히려 세대 간 소통의 벽이 되었다고 해도 과언이 아니다.

> "너희의 젊음이 너희의 노력으로 얻은 상이 아니듯, 내 늙음도 내 잘못으로 받은 벌이 아니다."

영화 〈은교〉의 주인공이자 70대 시인인 이적요의 말처럼 기성세대는 자신들을 '꼰대'라고 치부하고 거리를 두는 요즘 세대가 때로는 서운하다. 반면에 윗세대를 꼰대라고 하는 밀레니얼 세대도 마음이 편하지만은 않다. 수천 년이 지난 고전이 지금까지도 읽히는 것처럼 시대가 변해도 선대의 지혜와 경험으로부터 배울 수 있는 것들이 아주 많기 때문이다. 나고 자란 시대상의 차이, 생각의 차이가 소통의 차이로 이어지고, 세대 간의 충돌을 유발한다. 또한 윗세대는 '갑'의 위치에 있어서 밀레니얼 세대는 자유로이 의견을 제시하기도 쉽지 않다.

상사맨들의 이야기에 매회 기성세대의 눈시울을 붉게 만든 웹툰이 있었다. 업데이트하는 날이면 수백 개의 경험담과 공감을 자아내는 댓글이 달렸다. 웹툰으로 시작하여 드라마로도 큰 성공을 거둔 〈미생〉이다. 〈미생〉의 주인공인 장그래는 아무런 스펙도, 학벌도 갖추지 못했지만, 누구보다 성실한 인재로 주변 사람들의 시샘 속에서도 당당히 능력을 인정받는다. 〈미생〉의 팬들은 그런 장그래의 모습을 보며 자신의 과거를 회상하기도 했다. 〈미생〉이 드라마로 대중에게 알려지게 되자, 직장 상사들은 농담 반 진담 반으로 이렇게 말하곤 했다.

"직장 생활을 하려면 장그래처럼."

장그래는 분명 착실하고 자신만의 장점이 뚜렷한 사람이다. 그러나 이상하리만치 '예스'맨이다. 장 '그래'라는 그의 이름처럼 불합리를 떠나서 어떠한 지시 사항이 있어도 "예스"를 외치는 그를 보며 극 중 인물조차 "이래저래 예스, 예스. 마치 출소한 장기수 같다"며 핀잔을 줄 정도이다. 그의 동기들이 조직 내 부조리에 "노"를 외치는 것과는 대조적이다. 장그래의 모습은 군대를 연상케 한다. "노"를 외치던 동기들 역시 힘의 논리에 굴복하고 결국 순응하는 모습을 보여주었다. 이들은 옳지 못한 상황에서도 무조건 눈감고 "예스"라고 해야 하는 불합리하고 경직된 조직을 느끼게 해준다.

이곳에서 장그래는 이상적인 인재상일 수 있다. 그러나 인재의 관점에서 해당 조직이 이상적인 곳이라고 할 수 있을까? 부조리에 의문을 제기하는 구성원을 누르는 조직이 과연 발전할 수 있을까? '장그래'를 사회생활의 정석이라고 치켜세우는 모습이 '요즘 세대'는 참 불편하다.

왜 밀레니얼 세대의 불편함을 신경 써야 하는가

베이비붐 세대, X세대, 밀레니얼 세대가 각기 다른 생각을 하며 한 조직 내에서 불편한 동거를 하는 상황이 이어지고 있다. 윗세대 직장인들이 밀레니얼 세대에 대해 가지고 있는 이미지는 '끈기가 없는', '불만투성이', '쉽게 퇴사하는'이다. 지금까지 아무도 문제를 제기하지 않았고, 당연하게 여겼던 관행에 대해 이들은 불편한 심기를 감추지 않는다.

2008년을 기준으로 전 세계의 3분의 1을 차지하는 밀레니얼 세대는 이전의 어느 세대와 비교할 수 없을 정도로 그 규모가 크다. 대한민국에서는 이미 인구의 26퍼센트를 차지하며, 사회에 진출하여 노동 및 경제 활동을 왕성하게 하고 있다.[2] '인원수'가 많다는 이유 하나만으로도 조직에서 이들을 신경 써야 하는 근거는 충분하다. 조직이 이들을 중심으로 변화하는 것은 당연한 수순이며, 앞으로 다가올 모바일 네이티브인 '포노사피엔스Phono Sapiens' 세대에 대한 대비 또한 필요하다. 근면과 성실을 중시하던 조직에 소프트웨어, AI가 도입되면서 앞으로 일어날 지각변동 또한 지금으로서는 상상하기조차 쉽지 않다.

최근 회사의 조직 문화를 수평적으로 뜯어고친다거나, 호칭을 '님'으로 바꾸는 등 밀레니얼 세대 인재들을 사로잡기 위한 고민과 시도가 다양하게 이루어지고 있다. 그러나 이들이 직장에서 원하는 것은 실로 명료하다. 이 책에서는 밀레니얼 세대가 직장에서 원하는 것을 다음과 같이 여섯 가지 키워드로 분류했다.

공정, 효율, 존중, 가치, 성장, 안정

불공정하고, 효율적이지 못하며, 직원들을 존중하지 않고, 일은 보람조차 느낄 수 없으며, 성장 가능성이 보이지 않고, 불안한 회사라면 그 누가 함께 일을 하고 싶겠는가? 밀레니얼 세대가 까탈스럽다고 하지만, 이들이 원하는Want 건 간단한 여섯 가지 원칙이다. 커뮤니케이션의 부재와 생각의 차이는 조직 내에서 세대 간의 갈등으로까지 이어진다. 이 간극을 줄이기 위해 1부에서는 여섯 가지 키워드를 기반으로 세대 간 이몽동상異夢同牀과 갈등 및 해결 방안에 대해서 알아보고자 한다. 2부에서는 밀레니얼 세대가 기존 조직에서 좌충우돌하며 그 속에서 어떻게How 일을 하고 자신의 길을 찾아야 하는지 사례를 통해 보여주고 있다. 그리고 3부에서는 밀레니얼 인재를 확보하기 위해 조직은 무엇을 What 준비해야 하는지와 함께, 세대를 넘어 시대와 사람에게 주안점을 둔 조직 문화와 리더십에 대하여 다루었다.

이 책을 통해 마치 외계인처럼 이해하기 힘든 밀레니얼 세대가 조직에서 기대하는 것은 무엇인지, 왜 그런 반응을 보이는지에 대해 알아보고 해결책을 함께 탐구해보자. 당장 내일의 고민이 해결될 것으로 믿는다.

Part 2

How 밀레니얼은 어떻게 일하는가

Part 3

What 조직은 무엇을 준비해야 하는가

Part
1

Want

밀레니얼은
어떤 직장을 원하는가

공정한 회사가 좋아요

입사 지원을 취소합니다

지역 금융사 입사 준비를 하던 26세 김유리 씨는 최종 면접 당일 면접장 근처 카페에서 면접 준비를 하고 있었다. 유리 씨는 금융권에 취업하기 위해서 학교 성적을 상위권으로 유지해왔고, 토익 900점대는 물론 틈틈이 각종 금융 자격증까지 취득했다. 하지만 아직 원하는 1지망 기업에서 기다리던 소식을 듣지 못한 터였다. 이번 기업은 그녀의 1지망 목표는 아니었지만, 최종 면접에서 좋은 결과를 거둔다면 여기에서 열심히 경력을 쌓아보리라 마음먹고 단단히 준비해왔다.

　예상 질문들을 바탕으로 답변을 점검하고 있던 유리 씨는 어느 순간부터 집중을 할 수 없었다. 앞 테이블에서 들리는 통화 내용 때문이었다. 앞 테이블 손님은 불과 30분 전 유리 씨가 지원한 기업에서 면접을 보고 나왔으며, 부친의 취업 청탁으로 면접을 보게 된 셈이니 바로 합격할 것이라는 이야기를 친구에게 전하고 있었다. 그 어떤 자격증이나 요건보다 더 우월하다는 '금수저'의 인맥을 마주하게 된 순간이었다.

그동안의 노력이 빛을 발했는지 이날 유리 씨는 최종 면접에 합격했다. 하지만 그토록 원했던 취업의 순간, 그녀는 인사 담당자에게 입사 제안을 거절하며 다시 험난한 취업 준비의 길로 돌아갔다.

"저런 곳에 입사해서 죽도록 일해봤자 어차피 인정받기는 커녕 들러리가 될 게 뻔해. 채용도 공정하지 못한데 인사고과에서도 뭘 기대하겠니."

– 입사를 포기한 날 친구들과 술잔을 기울이며
유리 씨가 한 말 중에서

밀레니얼 세대는 직장을 선택하고 평가하는 데 있어서 '공정성'을 기준으로 삼는다. 익명 기업 평가 앱인 '잡플래닛'과 직장인 익명 SNS인 '블라인드'에서 현직자 및 퇴직자의 평가를 꼼꼼히 확인하며 회사의 분위기는 물론, 나의 시간과 노동을 투자했을 때 그에 합당한 결과가 돌아오는지 여부를 조사한다. 힘들게 취업에 성공한 유리 씨가 입사를 포기한 것은 회사의 '공정성'에 대한 신뢰가 깨져버렸기 때문이다. 채용 과정부터 정당하지 못했는데, 열심히 일한다고 해서 노력한 만큼 보상을 받을 수 있을지 불투명하기 때문이다.

특혜 채용 문제는 하루 이틀 있었던 일이 아니다. 토익 점수에 목을 매던 대학교 4학년 시절에도 같은 학과 동기가 정부 관료였던 부모님의 든든한 뒷배 덕에 전공과 전혀 관계없는 곳에 단번에 취업했다는 이야기를 전해 듣고 한때 쓰린 속을 부여잡은 적이 있었다.

블라인드가 2018년에 실시한 "재직 중인 우리 회사의 채용 과정이 공정한가"에 대한 설문 조사에서 직장인의 47퍼센트가 "불공정하다"고 응답했다. 그동안 구직자를 대상으로 한 설문에서 채용 시 공정하지 못한 느낌을 받았다는 답변을 얻은 적은 많았지만, 현직자가 자기 회사의 인재 등용 프로세스에 대해서 부정적인 답변을 제출한 비율이 절반가량 된다는 점은 눈여겨볼 만하다.

재직 중인 기업의 채용 과정이
얼마나 공정하다고 생각하시나요?

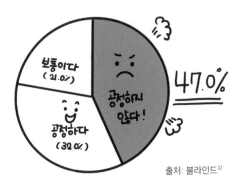

출처: 블라인드[1]

평생직장은 없어도 단 한 번이라도 꺼려지는 직장은 있기 마련이다.

왜 저만 일을 해야 하나요

중견기업 A그룹에서 인정받는 부서를 이끄는 유석진 팀장은 팀원 박민지 씨와 정기 면담을 하던 중 할 말을 잃었다. 민지 씨가 "일을 저한테만 몰아서 시키시는 것 같아요"라는 말을 했기 때문이다.

갓 입사했지만 같은 팀 동기보다 일 처리도 빠르고 정확하기 때문에 유 팀장은 중요한 일들을 항상 민지 씨에게 맡겨왔다. 업무 태도도 좋고, 하루하루 발전하는 모습을 보이는 친구라 잘 가르쳐볼 생각이었다. 반면에 민지 씨의 동기는 이른바 '일머리'가 없어 지시 사항을 두세 번 설명해주어야 하고, 결과물에 대해서도 아직 실수가 많은 편이다. 마감 기한이 촉박하거나, 정확도가 필요한 업무를 시키기에는 아직 못 미더웠다. 우리 때는 팀의 중요한 업무를 맡게 되면 책임감과 자부심을 느끼며 일을 했는데, 요즘 애들은 유별나다는 생각이 들었다.

유 팀장은 순간의 당혹감을 감추고 업무량을 조절해주겠노라 답변했지만, 한편으로는 그녀의 직설적인 이야기에 실망감을 느끼지 않을 수 없었다. 부당한 일을 시키는 것도 아니었고, 에이스라 믿고 맡겼을 뿐인데 말이다.

밀레니얼 세대는 관리자에게 공정한 업무 분배를 기대한다. 조직의 대의명분과 조건 없는 하향식 업무 분담에 대해서 베이비붐 세대와 X세대는 순응했다. 당연히 일 잘하는 사원에게 상사가 업무를 더 시킬 수밖에 없다는 것을 이해하고, 역량이 떨어지는 경우 두 번 세 번 손이 가기 때문에 단순한 일거리 외에 중요한 업무를 지시한다는 점을 받아들였다.

반면에 기존 조직 내에서 당연하게 여겼던 것들이 밀레니얼 세대에게는 당연하지 않다. 업무 분담 시 명확한 기준 없이 "자네가 에이스이지 않나", "내가 자네라서 맡기는 거야", "자네가 이쪽 전문가니까 한번 봐봐" 등의 말로 접근하는 방식은 밀레니얼 세대에게 통하지 않는다. 역량 성장이 더딘 팀원에게 면담 과정 없이 방치하거나, 중요도가 떨어지는 일만을 주는 경우 사기 저하와 의욕 상실로 이어질 수 있다.

과거 모 기업의 한 부서에서 타 부서에 있던 직원을 전문 분야가 아님에도 파격적으로 스카우트해왔으나 바쁜 시기와 맞물려 업무를 제대로 할당하지 않고 기존 직원들에게만 일을 몰아주며 반년간 방치했던 적이 있었다. 팀장이 제시한 비전을 믿고 구애에 응한 직원은 배우고자 하는 자세로 허드렛일도 마다하지 않고 열심히 했지만, 시간이 지나면서 자신이 이 일에 맞지 않는 사람이라고 느껴 결국 퇴사하게 되었다.

밀레니얼 세대에게 일이란 단순히 지시 사항을 처리하는 것만이 아니라 '내가 어떤 목적에 합당하게 쓰였는가'와 연관된다. 밀레니얼 세대에게 업무 분배를 할 때는 일의 목적을 명확히 하고, 팀원 개개인의 역량 정도를 파악하여 그들이 이해할 수 있는 수준으로 일을 배분해야 한다. 밀레니얼 세대는 공정하지 못하다고 생각되는 경우, 본인의 관점에서 합당하게 받아들일 수 있는 근거를 듣기 원한다. 면담 시 업무의 중요도와 양에 대하여 충분한 이유를 들어 설명할 수 있도록 사전에 준비하는 것 또한 도움이 된다.

네 일도 내 일처럼 분노한다

유통 도매회사인 B사의 최 부장은 영업팀 구성원들에게 잦은 폭언과 부당한 업무 지시를 내리기로 유명했다. 직원들 사이에서 최 부장은 '또라이'로 통했고, 협력 업체로부터 접대는 물론 뒷돈을 받는다는 소문 또한 자자했다. 영업팀의 직원들은 업무 스트레스보다 '최 부장 스트레스'가 더 심하다며 이직과 퇴사를 진지하게 고민하고 있었다.

최 부장의 난폭한 언행을 곁에서 지켜보다가 더 이상 참지 못한 1990년생 남상우 홍보팀 팀장은 최 부장의 만행을 대표에게 알리기로 마음먹었다. 그러고는 뜻을 같이하는 동료들과 함께 최 부장의 만행을 소상히 기록한 고발장을 대표에게 제출했다. 최 부장의 불합리한 언행과 불공정한 업무 처리에 환멸을 느낀 20대

직원들은 자신이 당한 일도 아닌데 발 벗고 적극적으로 나섰고, 결국 최 부장은 정직 처분을 받게 되었다.

위 사례에 대한 반응은 "하극상이다" 또는 "완전 사이다다"로 나뉘었다. 전자는 기성세대, 후자는 밀레니얼 세대의 반응이다. 위와 같은 사건이 일어나는 경우 기성세대는 경영진 또는 '최 부장'의 입장에서 생각하고, 밀레니얼 세대는 부당한 대우를 받는 영업 팀원에게 동조하는 경향이 있었다. 조직 생활에서 벌어지는 불공정하고 합리적이지 못한 상황 속에서 "내가 열심히 하면 나아지겠지", "더러워도 참아야지", "일을 하다 보면 그럴 수도 있지"라는 말은 밀레니얼 세대에게 통하지 않는다. 오히려 그들은 불합리하고 불공정한 것을 참을 수 없어 한다. 같은 회사 동료가 당하는 일일지라도 자신의 곁에서 일어나는 불합리하고 불공정한 일에는 적극적으로 맞선다.

그들이 공정성에 민감하게 반응하는 또 다른 이유는 초중고등학교를 다니는 동안 시민의식을 함양할 수 있는 교육과정 속에서, 사회적 이슈를 가지고 수업 시간에 토론하며 의견을 적극적으로 개진하는 연습을 해왔기 때문이다.[2] 또한 온라인과 모바일 SNS를 통해 자신의 목소리를 내며 소통하는 데 익숙하기도 하다. 우리 사회 곳곳에서 벌어지는 불공정한 사건들을 공유하고, 개인

채널과 댓글을 통해서 의견을 표출한다. 불공정한 관행은 묵인하고 넘어가는 것이 아니라 끄집어내어 해결해야 하는 일이라고 생각한다.

"우리 사회는 공정한가?"라는 질문에 대해 집안의 형편에 따라 나누는 수저 계급인 '금수저'와 '흙수저'로 답변할 수 있다. 몇 년 전 '수저 게임'이 SNS상에서 화두가 되었던 적이 있다. 빙고 게임처럼 '흙수저'의 해당 항목에 표시해서 빙고처럼 채워지면 "나는 흙수저다"라는 것을 확인할 수 있는 게임이다. 개인의 현실을 희화화한 실로 '웃픈(웃을 수도 울 수도 없는)' 게임이 아닐 수 없다. 흙수저는 아무리 노력해도 성공할 수 없으며, 기회의 문은 누구에게나 공평하지 않다는 사회적 인식을 반영하고 있다.

1980~1990년대에 학창 시절을 보냈던 세대는 대학 졸업장만 있으면 어디든 취업할 수 있었다. 치열한 학생 운동으로 민주주의를 지켜내고, 정부의 부조리함에 맞섰던 당시의 20대는 노력한 만큼 쟁취할 수 있었다. 하지만 1997년에 불어닥친 IMF 위기로 굴지의 대기업이 무너지는 것을 시작으로 여러 회사가 도산했고, 그 과정에서 평생직장이라고 믿었던 곳에서 많은 사람들이 등 떠밀려 나와야 했다. 경제가 다시 소생하나 싶었지만 2008년 금융 위기로 인해 회사와 가정은 휘청거릴 수밖에 없었다. 밀레니얼

세대는 기회의 문이 좁아지는 것을 목도한 세대이며, 우리 사회가 노력을 배신할 수 있고 몸 바쳐 일한 회사가 언제든지 나를 버릴 수 있다는 것을 잘 알고 있다.

밀레니얼 세대의 '공정함'에 대한 감수성은 그 어떤 세대보다 높다. 그들의 공정함에 대한 인식은 국제중, 특목고, 대학 진학, 그리고 취업에 이르기까지 유사 이래 가장 치열한 경쟁 속에서 성장 과정을 보냈던 것과 무관하지 않다. 좋은 학교, 좋은 곳에 취업해야 남들처럼 잘살 수 있다는 X세대 부모님의 가르침 아래 그들에게 경쟁은 곧 생존을 의미했다. 그러므로 건국 이래 최고의 실업률, 저성장 사회에서 자신의 기회가 사라지는 것에 대해서 민감하게 반응할 수밖에 없다.[3] 그들에게 공정함이란 노력한 만큼 돌아오는 것이고, 결과에 기여한 대로 보상을 받는 것을 의미한다.

지난 2018년 아이스하키 남북 단일팀에 대하여 20, 30대 밀레니얼 세대가 가장 크게 반감을 느꼈다. 지난 4년간 올림픽 출전만을 바라보며 피땀 흘린 선수들에게서 기회를 박탈하는 불공정한 처사라는 것이다.[4] 남북 화합이라는 국가적인 대의명분보다 중요한 것은 기회와 평가의 공정성이다. 조별 과제에 상습적으로 불참하며 무임승차를 하는 조원의 이름을 가차 없이 빼버리고 과제 기여도를 측정하는 이유는, 밀레니얼 세대가 자신만을 생각할 정도로 이기적이어서가 아니라 공정성 앞에서 '보수적인 성향'을 가지고 있기 때문이다.

민주화 운동이 활발하게 일어나던 시기에 젊은 시절을 보낸 베이비붐 세대에게 공정성은 '정의'와 맥락을 같이했으며, 개인의 삶보다는 국민과 국가를 위한 명분이 우선이었다. 윗사람은 대의명분에 헌신하고 집행하는 권한을 가졌으며, 아랫사람의 도리는 그 명분을 따르는 것이었다.

X세대의 20대는 아날로그와 디지털의 과도기 속에서 문화의 다양성이 중요해진 시기였다. 개개인의 개성을 중시하면서도 조직 문화에는 순응하는 모습을 보였다. 그들에게 공정성이란 개인과 명분 사이에서 어느 한쪽으로 치우치는 것이 아니라 평균과 객관성을 유지하는 것을 의미한다. 반면에 아무리 좋은 대의명분이라도 그 과정이 옳지 않다면 단호히 거부한다. 의견을 숨기거나 나중에 해결해주겠다는 막연한 약속을 믿기보다는 지금 당장 즉각적인 조치를 요구한다.

밀레니얼은 어떤 직장을 원하는가

리더가 공정하면 회사도 공정하다

공정성이란 '한쪽으로 치우치지 않고 공평하며 올바른 성질'이라는 사전적 의미가 있지만, 그 기준은 시대의 흐름에 따라 달라지기 마련이다.[5] 모든 사람이 공정하게 여기며 합당하게 받아들일 방법은 애초에 존재하지 않는다. 누구나 자신이 일한 것에 대해 적합한 보상을 받기 원한다. 어떤 결과와 보상을 가져다주어도 100퍼센트 만족하는 사람은 소수일 뿐이며, 나머지는 불만이 있어도 말을 하지 않는다.

공정성이란 상대방을 설득하는 과정과도 연관되어 있다. 그들 스스로 성과와 보상을 얼마만큼 받아들이게 하느냐가 관건이다. '우리 때는 알아서 잘 챙겨주겠지 하고 기다렸는데……', '요즘 애들은 불평불만이 많아'라는 생각은 접어두는 것이 좋다. 일한 만큼 회사에서 인정해주지 않는 것처럼 직장인에게 무기력감을 주는 일은 없다. 공정성에 대한 설득은 나의 팀원, 부사수, 신입사원이 평소 어떤 부분을 공정하지 못하다고 느끼고 있는지 경청하는 것으로부터 시작해야 한다.

프로젝트를 진행하거나 팀원, 부사수, 신입사원에게 업무 분담을 하면서 그들의 업무 역량과 성과를 개별적으로 평가하는 것 또한 도움이 된다. 수시로 개인적인 피드백을 하되 타인과의 비교가 아닌 본인들의 과거 실적과 비교하며, 앞으로 '과거의 나'보다 더 잘할 수 있도록 독려하는 지도력이 필요하다. 리더는 팀원들이 회사를 만나는 접점이다. 조직원들이 리더가 공정하다고 느낀다면 회사 또한 공정하다고 여길 것이다.

효율적인 회사가 좋아요

9시 출근이면 10분 전까지 와야 하나요

시계가 8시 59분을 가리킬 때 어김없이 우리 팀 막내 송민지 씨가 사무실 문을 열고 들어온다. 컴퓨터를 부팅하고, 커피 한 잔을 휴게실에서 가져오니, 벌써 업무 시작 시각이 5분이나 지나버렸다. 이상우 차장은 그녀의 모습이 참 거슬린다. 이 차장은 신입 시절부터 지금까지 항상 30분 일찍 출근해서 업계 동향을 파악하고, 하루의 업무를 준비해왔다. 그에게 9시는 곧 업무를 본격적으로 시작하는 시간을 의미했다. 한 소리 할까 싶었지만, 요즘 애들은 야단치면 더 크게 반발하지 않을까 우려되어 조용히 불러 타일러야겠다고 마음먹었다. 예전에는 이러지 않았는데 요즘엔 이런 사소한 것까지 하나하나 가르쳐야 하나 싶어 절로 한숨이 나온다.

점심을 먹고 민지 씨와 커피 타임을 가지며 이 차장이 말했다. "9시는 회사에 도착하는 시간이 아니라 업무를 시작하는 시간이에요. 적어도 10분 전에는 도착해서 하루 업무 계획도 세워보고, 정시에 바로 몰입할 수 있도록 준비하는 것이 업무를 대하는 기본자세입니다. 그 10분이 하루 동안의 업무 효율을 결정하는 거예요. 내일부터 바로 한번 시작해보세요. 평소랑 다를 테니까요."

이 차장은 상사이기에 앞서 직장 선배로서 사회생활의 기본기를 차분히 잘 알려주었다고 생각했다. 이 정도 조언을 했으면 느끼는 게 있겠지 싶어 "오늘도 수고해요" 하고 돌아서려던 순간, 민지 씨가 이 차장에게 물었다. "10분 일찍 시작했으면, 10분 일찍 퇴근해도 되는 거지요?"

성과보다 근태일까

직장인들이 모여 있는 온라인 커뮤니티에서 출근 시간에 대한 논쟁은 해마다 있어 왔다. 재미있는 사실은 5년 전, 10년 전과 달리

밀레니얼은 어떤 직장을 원하는가

요즘에는 누리꾼들의 의견이 많이 변했다는 점이다. '대학내일 20대연구소'에서 실시한 직장인 대상 설문 조사에서 "일찍 출근해 정해진 출근 시간까지 업무를 준비하는가"에 대하여 "그렇다"고 응답한 비율이 베이비붐 세대는 54퍼센트, X세대는 43퍼센트, 밀레니얼 세대는 35퍼센트순으로 세대에 따라 중요도가 달라지는 것을 알 수 있었다.

세대 이상동몽 '출근 시간 전까지
업무 시작 준비를 마치는 것은 당연한가'

출처: 대학내일20대연구소[6]

출근 시간보다 일찍 나오는 것, 상사보다 먼저 사무실에 도착해서 정리 정돈을 하는 자세가 직장인의 미덕이던 시절이 있었다. 지금도 기성세대를 포함하여 직장에서 3년 이상 근무한 직장인들의 상당수가 출근 시간 정각에 도착하는 후배들의 모습이 거슬린다고 이야기한다.

대학내일20대연구소의 통계에 따르면, 상사가 신입사원에게 요구하는 덕목에서 가장 높은 점수를 받은 항목이 '성실함'(52.7퍼센트)이다. 성실함과 근태는 일맥상통하며, "업무 성과는 근태에서 시작된다"라는 윗세대의 말처럼 직장인에게 근태는 예절이자 성실함을 나타내는 지표이다. 그리고 그 근태의 시작이 바로 출근 시간이다. 업무 성과가 다소 떨어지지만 남들보다 1시간 일찍 출근하고 근태가 좋은 사람보다 업무 성과는 좋지만 정시에 출근하는 직원이 더 얄밉다. 일을 못하는 사람은 참을 수 있지만, 근태가 좋지 않은 사람은 괘씸죄가 추가되는 법이다.

그런데 최근 기업들 사이에서 탄력근무제, 자율출퇴근제 등 변화의 바람이 불고 있어 근태에 대한 인식 또한 의견이 분분해졌다. 자연스럽게 "근태가 성과보다 중요하다"에서 이제는 "성과가 근태보다 중요하다"라는 논리가 조직 내에서 팽팽히 맞서게 되었다.[7]

밀레니얼은 어떤 직장을 원하는가

X세대로 대표되는 1970년대생들은 근태가 직원을 평가하는 핵심적인 요소는 아니지만 무시할 수 없는 중요한 기준이라고 생각한다. 근태 자체가 문제라기보다 그로 인해 팀에 미칠 영향, 다른 조직원과의 업무 형평성, 그리고 근무 태만으로 이어질 수 있다는 우려가 크기 때문이다. 밀레니얼 세대에게 근태보다 중요한 것은 성과이다. 오히려 근태에 신경을 쓰는 것이 업무의 집중도

출처: 대학내일20대연구소

를 떨어뜨리기 때문에 더 효율적이지 못하다고 여기며, '근태를 따지는 사람일수록 일을 제대로 못한다'라고 생각한다. 온종일 일을 미루다가 "어차피 야근하는데, 저녁이나 먹고 하지"라며 뒤늦게 일을 시작하는 선배들의 모습을 보아온 밀레니얼들은 단순히 길기만 한 업무 시간이 성과에 어떤 영향을 미치는지 참 의문스럽다. 근태와 업무 효율, 성과에 대한 상관관계를 조직의 입장에서 재정의할 필요가 있다.

저희도 재택근무하면 안 되나요

IT 벤처기업에서 COO를 맡고 있는 최지안 씨는 며칠 전 타운홀에서 디자인팀 김가정 씨로부터 받은 건의 사항 때문에 큰 고민에 빠졌다. 다름 아닌 '재택근무'를 원한다는 것이었다. 지안 씨의 회사는 직원들이 출퇴근 러시아워에 시달리지 않도록 10시 출근, 7시 퇴근 제도를 실시한다. 야근한 다음 날이면 오후 출근을 할 수 있도록 유연한 근무 제도도 운용 중이다.

경영진의 대다수를 차지하고 있는 1970~1980년대생들은 재택근무가 시기상조라고 반대하지만, 1990년대생 직원들은 김가

밀레니얼은 어떤 직장을 원하는가

정 씨가 던진 재택근무에 대한 이슈를 진지하게 받아들이며, 시범적으로 운영하는 안을 적극적으로 제안하고 있다. 해외에서는 이미 여러 기업이 리모트워크Remote work를 도입하고 있다. 하지만 우리 실정에는 재택근무가 맞지 않으며, 철저한 준비 없이 섣불리 실시했다가는 오히려 업무 효율 저하 및 업무 태만으로 이어질 것이라는 우려가 크다. 또한 몇몇 부서에서는 업무 특성으로 인해 재택근무가 불가하기 때문에 형평성 문제로까지 번질 수 있다. 게다가 보안도 무시할 수 없는 위험 요소이다.

최지안 씨는 경영진으로서 업계의 최고 수준은 아니지만 직원들이 업무를 하는 데 집중할 수 있도록 조직 문화를 만드는 데 힘써왔다. 그는 X세대와 밀레니얼 세대의 중간에 '낀 세대'로서 그동안 밀레니얼 인재들의 입장을 조직에서 대변해왔다. 하지만 이번 재택근무 이슈로 인해 다들 이상적인 직장만 찾는 것인지, 아니면 내가 꼰대가 되어가는 것인지 의문스러워진다.

하루 103분. 대한민국의 직장인이 매일 출퇴근을 하는 데 소요되는 평균 시간이다. 그중에서도 수도권에 거주하는 직장인의 경우 115분을 매일 도로 위에서 보낸다고 한다.[8] 출근 준비 시간은 평균 39분으로 준비 시간과 출퇴근 시간을 포함하면 매일 2시간을 '일을 하기 위해서' 사용하는 셈이다. 노르웨이가 14분, 터

키와 일본이 40분이라는 것과 비교해본다면 경제협력개발기구 OECD 가입국 중에서 한국의 출퇴근 전쟁은 심각한 편에 속한다. 지하철 당산역에는 퇴근 시간만 되면 일산으로 귀가하는 사람들이 인도에 길게 늘어서 있고, 서울에서 가장 복잡한 환승역인 신도림역에서는 자의와 상관없이 통근러(출퇴근하는 직장인) 물결에 휩쓸려 다닌다.

통근에 대한 부담감은 직장인의 삶의 질에도 영향을 미친다. 한국교통연구원에 따르면, 통근 시간이 왕복 2시간인 직장인들의 행복 상실 가치가 월 94만 원에 이른다고 한다. 또한 수도권 거주 직장인 3명 중 2명이 출퇴근 시간이 만족스럽지 못하며, 스트레스가 심하다고 응답했다.

직장인들은 회사에 도착해 일을 시작하기도 전에 지쳐버린다. "24시간 인터넷, 모바일로 언제 어디서나 정보를 획득하고 원격으로 소통할 수 있는 시대임에도 왜 우리는 출퇴근 시간에 얽매여야 할까?", "직장 내에서 상사, 동료들과의 소통으로 얻을 수 있는 정보 등 업무를 처리하기 위해서 제반되는 의사소통과 절차들을 온라인으로 옮길 수는 없는 것일까?", "모두가 아침형 인간일 수 없는데, 왜 출근 시간은 9시부터인가?" 밀레니얼 세대는 비효율적이라며 문제를 제기한다.

지난해 구직자와 직장인 4만 6,683명을 대상으로 "직장에 다니면서 받고 싶은 최고의 복지제도가 무엇인가"라고 의견을 조사한 결과 전체의 37.8퍼센트가 유연근무제를 꼽았다고 취업 포털 '잡코리아'가 밝혔다.[9] 응답자 중에서도 특히 20대의 비율이 가장 높았다는 점으로 미루어 보아, 유연성은 밀레니얼 세대를 사로잡는 강력한 특전인 듯하다.

인터넷 혁명 이래 퇴근 이후나 휴일에도 업무 연락을 받고 처리하는 것이 흔한 일이 되었다. 특히 스마트폰과 함께 자란 밀레니얼은 시간과 공간에 대한 정의와 경계가 흐려진 시대를 살고 있기 때문이다. 모바일 기기와 SNS, 메시지 앱이 삶 깊숙이 자리하면서 사무실이라는 같은 공간에 있지 않아도 직장 동료와 언제든 연결될 수 있다. "아침에 일찍 일어나는 벌레가 새에게 잡아먹힌다"는 말처럼 과거 아침형 인간만이 성공할 수 있다는 고정관념이 깨져간다는 것도 한몫한다.

업무용 메신저로 얘기하면 안 될까요

1987년생 안승호 대리는 40대 후반인 팀장님과 20대 중반인 신입사원 사이에서 통역을 맡고 있다. 그는 밀레니얼 세대의 초입이라 회사 내에서 이른바 '요즘 것들'이라고 불리는 밀레니얼 세대와 상사인 X세대 사이에 낀 '샌드위치 세대'이다.

안 대리는 신입사원의 매우 솔직한 발언이나 행동이 팀장님의 혈압을 올리지 않도록 순화시키는 것과, 팀장님의 지시 사항에 대해 후임에게 '왜' 해야 하는지 알려주는 등 팀 내의 평화로운 의사소통을 위해 힘쓰고 있다. 그의 입장에서는 솔직한 후임의 의견도 일리가 있고, 오랜 시간 조직에서 경험을 쌓아온 팀장님의 말도 일리가 있다. 다만 그 틈이 좀처럼 메워지지 않을 때가 많아서 중간에서 피곤해하기도 한다. 그중 하나가 바로 소통 방식에 대한 두 사람의 차이였다. 업무에 대한 이슈가 발생하면 후임은 바로 업무용 메신저로 보고를 하지만, 외근 시에도 통화가 익숙한 팀장님은 이슈 발생 즉시 바로 이야기를 하지 않았다고 나무라기 일쑤다. 그 때문에 급한 건이 있으면 안 대리가 확인하고 바로 팀장님께 보고하는 방식으로 진행해왔다.

최근 출근길에 안 대리는 후임으로부터 업무용 메신저로 연락을 받았다. 몸살감기가 심해서 오늘은 출근하기 어렵다는 내용이었다. 병가 처리를 위해서 진단서를 꼭 챙기라는 말과 함께 오늘 푹 쉬라고 답장을 남기고 팀장님에게 바로 전화를 했다.

밀레니얼은 어떤 직장을 원하는가

"팀장님, 오늘 막내가 많이 아파서 병가를 내야 할 것 같습니다."

팀장이 답했다.

"그래, 몸 관리 잘하라고 전해주고. 그런데 참 안 대리, 막내가 전화로 얘기했나?"

대학내일20대연구소에서 20대, 30대, 40대 직장인을 대상으로 합리적인 의사소통 방식을 조사한 결과 '일대일 대면(34.8퍼센트) > 다수가 참여하는 회의(15.0퍼센트) > 모바일 메신저(13.5퍼센트)' 순으로 응답했다. 한 가지 재미있는 사실은 1990년대생의 경우 모바일 메신저나 사내 업무용 메신저를 합리적인 수단으로 생각하는 경향이 뚜렷했다는 점이다.

반면에 1970년대생은 전화 통화를 합리적인 수단이라고 생각하는 비율이 상대적으로 높았다. 1980년대생은 다수 참여 회의와 업무용 메신저를 꼽아 상황에 따라서 대면과 메신저 소통을 모두 활용한다는 것을 알 수 있었다.

업무용 메신저로는 슬랙Slack, 잔디Jandi 등이 있으며, 기업에서 월 단위의 요금을 내고 이용한다. 회사에서 돈을 지급하며 업무용 메신저를 사용하는 이유는 업무 프로젝트별로 대화 개설이 가

90년대생은 업무 소통도 메신저로

	1위	2위	3위

출처: 대학내일20대연구소

능하다는 점과, 지난 대화 및 파일을 타임라인처럼 확인할 수 있어 프로젝트에 새로 합류한 직원이나 신입이 과거와 현재 업무 내용을 파악할 수 있다는 장점이 있기 때문이다.

스타트업의 경우 조직원들 간의 의사소통과 업무 관리를 위해 이러한 협업 툴을 활발하게 사용하고 있다. 하지만 대다수 중소기업은 아직 카카오톡을 업무에 사용하고 있어 개인적인 메시지

049

밀레니얼은 어떤 직장을 원하는가

를 회사 단톡방에 실수로 보내는 아찔한 에피소드 한 번쯤은 경험해보기도 했을 것이다.

업무 효율과는 별개로 밀레니얼 세대는 사적 메신저와 업무용 메신저를 엄격하게 구분한다. 업무용 메신저가 도입되지 않은 기업의 경우 카카오톡을 활용하지만 친구, 가족의 메시지와 한데 섞여 불편하다. 일과 사생활은 서로 다른 영역으로 존재해야 한다는 것이 밀레니얼 세대에게는 상식이다.[10]

유별나지만 유별나지 않다

조직에서는 늘 직원의 업무 효율과 성과의 극대화를 위해 고민한다. 밀레니얼 세대가 기존의 방식은 효율적이지 못하다고 의견을 내는 것이 참 유별나다고 생각될 수 있을 것이다. 기업에서 관리자급에 올라선 1970년대생들은 X세대로 자기주장이 강하고 개성을 추구하는 신인류였지만 조직의 체계에 순응하고 따랐다. '낀 세대'라고 불리는 1980년대생들의 경우 1990년대생들이 조직에 대해 가지고 있는 의견에 대해서는 동의를 하지만 불만을 표현하지는 않는다.

하버드 비즈니스 리뷰HBR에 따르면, 사실 업무에 대한 관점은 세대에 따라서 표현 방식이 달랐을 뿐 효율성에 대한 공통된 고민과 생각을 가지고 있다고 한다. 베이비붐 세대를 대상으로 조사한 결과 '직장에서 금전적 보상 못지않게 중요하게 여기는 7가지'에 '탄력적인 근무 조건'이 포함된 것으로 나타났다.[11] 물론, 기업 경영진의 입장에서 기존 규정을 단번에 바꿀 수는 없다. 부족한 인력 채용에 부담을 느끼는 소기업이나 중소기업일수록 유연근무제, 재택근무제를 도입하는 것이 부담스럽다. 따라서 직원의 편의를 위한 복지보다는 '조직원의 업무 집중도를 높이기 위한 유연함'의 관점에서 바라보는 것을 추천한다. 연차 쪼개 쓰기, 야근 다음 날 늦은 출근 등의 제도를 활용하는 것이 그 예이다.

팀 내에서의 의사소통 방식의 경우에도 이러한 접근이 필요하다. 업무용 메신저를 활용하되 긴급하게 확인해야 할 사항이나 전화 통화가 필요하다고 여기는 상황에 대해서 신입사원에게 주지시키고, 중요한 업무의 경우 메신저에 남겼더라도 한 번 더 담당자에게 직접 확인할 수 있도록 지시하는 것이 좋다. 업무 효율에 대한 고민은 같지만, 그 방식과 시선에서 차이가 생긴다.

밀레니얼은 어떤 직장을 원하는가

존중해주는 회사가 좋아요

피곤해서 먼저 가보겠습니다

판교의 한 중소기업은 일반적인 회식 대신 팀원들끼리 좋은 식당에서 맛있는 음식을 먹고, 뮤지컬을 보면서 문화생활을 함께하는 조직 문화를 가지고 있다. 자유로운 분위기에 아무도 자리를 강요하지 않기 때문에 오히려 참석률이 높다.

김상열 팀장은 회식 자리가 부담스럽지 않은 이 문화를 참 좋아하지만, 가끔 아쉬운 기색을 감출 수 없을 때가 있다. 식사하고, 뮤지컬을 본 뒤 가볍게 맥주 한잔하면서 이야기꽃을 피울 수 있기를 바라지만, 요즘 친구들은 피곤하다며 먼저 집에 가는 바람에 덩달아 발걸음을 돌려야 했기 때문이다.

예전에는 후배들과 야근을 하고 같이 밥을 먹으면서 많이 친해졌고, 회식 끝 무렵에는 남은 사람들끼리 술잔을 기울이며 인간적인 유대를 쌓곤 했다. 그러나 회사에서 탄력근무제를 시행하면서 출퇴근 시간도 제각각이라 업무에 대한 이야기 말고는 새로 들어온 친구들과 잡담을 나눌 기회가 없다. 한 달에 한 번 있는 회식 자리도 김 팀장의 입장에서는 진솔한 '대화'를 나눌 만큼은 아닌 것 같아서 아쉽기만 하다.

하루는 새로 입사한 팀원들을 따로 불러 저녁 식사 자리를 만들었다. 그중 몇 명은 선약이 있다며 일찍 일어났고, 나머지 사람들과 함께하는 시간 동안 김 팀장 혼자 질문하고 떠드는 기분이 들어서 썩 유쾌하지는 않았다. 하루 중 가족보다 더 많은 시간을 보내는 사람들이 직장 선후배, 동료들이기 때문에 서로를 잘 아는 것이 업무에도 긍정적인 영향을 준다고 생각하는 김 팀장은 신입사원들이 거리를 두는 것 같아 답답하다.

'TMI'를 아십니까

대학내일20대연구소에서 실시한 '동료 관계에 대한 세대별 인식

밀레니얼은 어떤 직장을 원하는가

비교' 조사 결과를 보면, 팀원 간의 친밀도가 팀워크에 중요하다고 생각하고 있지만, 업무적인 사항 외에 서로에 대해 알 필요에 대해서는 1990년대생으로 갈수록 낮아진다는 것을 알 수 있다. 세대를 불문하고 직장 동료와의 관계에 대해서 50퍼센트가 '친한 친구 같은 존재'로 여기지만, 1990년대생의 경우 '업무 외 무

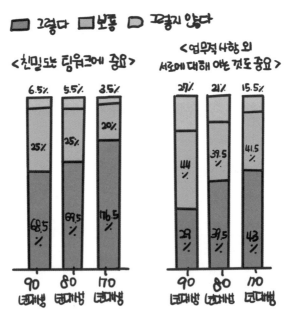

동료 관계에 대한 세대별 인식 비교

출처: 대학내일20대연구소[12]

관한 관계'라고 답변한 경우가 20퍼센트로 다른 세대와 비교했을 때 높게 나타났다. 따라서 밀레니얼에게 직장 동료와 회사 내에서 친하게 지내는 것과 개인사를 공유하는 것은 다르다는 사실을 알 수 있다.

"밥상 위 수저 개수도 안다"라고 할 정도로 예전에는 직장 동료들끼리 서로의 집안 사정에 대해서 잘 알고 있는 경우가 많았다. 동료들끼리 가족과 일에 대한 고민을 나누면서 서로를 알아가는 과정을 거쳤다. 서로 사정을 잘 알다 보니 때로는 어떤 실수가 생겨도 이해하고 넘어갈 때도 있고, 공감대가 달라 친구들에게 할 수 없는 이야기를 같은 환경에 처한 직장 동료와 대화하면서 풀어가기도 한다. 이러한 팀원들 간의 유대는 조직을 또 하나의 가족으로 인지할 수 있게 만들었다.

반면에 밀레니얼은 오히려 상사의 사생활을 듣는 것을 불편해한다. 윗사람의 입장에서는 가족 이야기를 포함해 개인사를 꺼내는 것이 친밀감의 표시일 수 있지만, 윗사람에게 평가를 받아야 하는 입장인 밀레니얼에게는 부담스러울 수도 있기 때문이다. 개인사를 꺼냈을 때 과연 상사가 나를 어떻게 생각할지, 편견이 생기는 것은 아닌지, 부당한 대우를 받게 되는 것은 아닌지 등 주제와 단어를 선택하는 데 있어서도 많은 것들을 고려하면서 대답해야 한다.

의사소통과 관련된 신조어 중에서 'TMI'라는 말이 있다. 'Too much information'의 약자로 상대방이 관심도 없고, 알고 싶어 하지도 않은 이야기를 하는 것을 뜻한다. 인간관계에서 '선'을 지키고자 하는 밀레니얼 세대의 특성을 잘 반영한 말이기도 하다.

반대로 개인 SNS에 팔로우하는 상사, 알리고 싶지 않은 사생활을 묻는 윗사람과 회사 동료들 또한 부담스럽다. 밀레니얼 세대에게는 회식과 같이 이러한 이야기가 나올 법한 상황을 피하는 것이 윗사람에게 불편한 기색을 표현하는 것보다 나은 해결책이다. 사적 영역을 존중할 때 자유롭게 자신의 일상과 생각을 공유할 수 있다.

밀레니얼이 회식 자리나 사적인 대화를 불편하게 여긴다고 하여 "요즘 애들 무서워서 뭘 물어보지도 못하겠네", "애들이 정이 없어"라고 하기 전에 과연 관리자인 나와 우리 조직의 소통 방식이 상대방을 고려하고 존중하는 문화를 기반으로 하고 있는지 고민해볼 필요가 있다.[13] 딱딱하게 일 이야기만 하기보다 사적인 대화를 나누는 것이 분명 직장 상사와 동료들 사이의 이해의 폭을 줄이는 데 도움이 된다. 회사의 세대 간 소통에 대한 고민을 다룬 온라인 기사 중에서 '치킨'과 관련된 인상 깊었던 내용이 있었다.

요즘 애들과 사적으로 친해지려면 어떻게 말을 꺼내야 할지 고민된다면 "차라리 어떤 치킨을 좋아하는지 물어보라"는 것이었다. 신입사원들과 함께하는 자리가 어색하고, 어떤 말을 해야 꼰대 같지 않을까 고민된다면 누구에게나 사랑받는 '치킨'이 좋은 소재가 될 수 있을 것이다.

우리 신입, 지금 짐 싸서 나간대요

평소 '꼰대'기가 다분했던 전정우 과장은 신입사원 몇 명을 혼내는 과정에서 한 신입에게 폭언을 퍼부었다. 오히려 자신의 의견을 또박또박 이야기하는 것을 보고 더 화가 난 그는 신입의 기를 꺾기 위해 서류를 얼굴에 던지는 무리한 행동을 했다. 누가 보아도 전 과장의 행동이 도를 지나쳤다고 생각하던 차에 모두가 깜짝 놀랄 일이 벌어졌다. 신입이 자리로 돌아가 그대로 짐을 싸서 사무실을 나가버린 것이었다. 이례 없던 상황에 모두가 당황했고, 전 과장도 할 말을 잃은 채 쳐다만 보았다. 자리를 박차고 나간 그 신입을 따라간 같은 팀 윤 대리는 이대로 가면 어떻게 하느냐며 말렸지만, 그는 윤 대리에게 한마디를 남긴 채 뒤도 돌아

밀레니얼은 어떤 직장을 원하는가

보지 않고 밖으로 나갔다.

> "이런 모욕적인 언사를 들으면서 여기 있을 이유가 있나
> 요? 모욕에는 모욕으로 되돌려주겠습니다."[14]

한 온라인 커뮤니티에 올라와 네티즌들 사이에서 큰 화제가 되었던 글이다. 어떤 일로 과장이 화가 났는지는 모르겠지만, 폭언과 함께 서류를 얼굴에 던지는 행동은 잘못된 것이며, 이에 짐을 싸서 나가버린 신입사원의 태도가 "통쾌하다" 또는 "도를 지나쳤다"라는 식으로 반응이 엇갈렸다. 상사의 호통에 당장 사표를 던지고 싶은 마음을 꾹 참고, 동료들과 서로를 위로하며 함께 견뎌냈던 세대들은 이 신입의 마음을 이해는 하지만 동의할 수 없다고 말한다.

밀레니얼 세대가 조직에 합류하면서 '내'가 경험했던 방식을 그대로 그들에게 적용하는 것은 '갑질'과 '직장 내 괴롭힘'으로 인식될 수 있다. 과거 베이비붐 세대에게 '혼내는 것'은 '얼차려'와 동일 선상에 있었다. '까라면 까'라는 식의 '눈물 쏙 빠지는' 호통을 듣고 난 뒤에 "다 애정이 있어서 그런 거야"라며 상사로부터 위로를 받는 방식이었다. 상사의 언행이 다소 과격하더라도

'말이 거친 사람' 정도로 넘어가는 것이다.

　반면에 지금의 세대는 '사랑의 매'가 통하지 않는다. 그들은 "학생의 인권은 존중받아야 한다"라는 명분 아래 학교 체벌이 폐지된 교내 민주화 속에서 평등한 교육을 받으며 자랐기 때문이다. 이른바 '을'의 권리가 보장된 첫 세대이다. '갑질'을 당하거나 존중받지 못한다고 여기면 문제를 제기하거나 "나와 맞지 않는다"며 주저 없이 그만둔다. 밀레니얼 세대가 '심약한 정신력'을 가졌다는 것은 서로 다른 경험을 하며 자란 세대 간의 차이이다.

　'꼰대'와 '갑질' 상사라는 꼬리표가 붙을까 봐 걱정하며 그들의 잘못을 지적하는 리더들의 고민도 종종 들을 수 있다. 부하 직원의 잘못을 지적하는 것은 관리자가 마땅히 해야 할 일이다. 조직원의 잘못이 팀워크에 영향을 주는 것은 물론, 회사에 손실을 가져다줄 수 있으므로 틀리고 잘못된 점은 엄격하게 바로잡아 재발을 방지해야 한다. 팀원이 잘못을 저질렀을 때 '야단을 치는 것'이 아니라 맥락에 맞는 '피드백'을 주는 접근 방식이 필요하다. 리더십 전문가들은 "무엇을 어떻게 고쳐야 하고, 이 문제를 잘 해결했을 때 또는 해결하지 못했을 때 당사자에게 어떤 영향을 줄 것인지"를 그려주는 것이 '야단의 정석'이라고 말한다. 업무 과정 중 어느 지점에서 문제가 발생했는지, 어떻게 해야 올바

밀레니얼은 어떤 직장을 원하는가

르게 교정할 수 있는지를 맥락과 함께 설명해주는 것이 좋다.

서비스업 종사자도 사람입니다

소형 병원에서 영양사로 근무하는 1993년생 조은지 씨는 최근 퇴사를 결심했다. 환자들의 건강을 책임지는 임상 영양사가 되기 위해 국가고시를 치르며 4년간 열심히 준비했지만, 막상 취업하고 나니 현실은 너무나 달랐다.

점심 식사 시간만 되면 "밥이 맛이 없다"는 환자들의 불만에 병동 이곳저곳으로 불려 다니기 일쑤였다. 식사 항의에 대한 간호사들의 호출을 받으면 달려나가는 것은 끼니때마다 해야 할 일들 중 하나가 되었다. 그들 중에서도 대형 병원에 있었거나, 병으로 인해 입맛이 아주 둔해진 노인 환자들의 불만이 가장 컸다. 매주 모든 환자를 만나며 식사 상태를 확인하고 피드백을 받는데, 대다수 환자로부터 "신경 써줘서 고맙다"라는 말을 들을 때면 그동안 속상했던 마음이 눈 녹듯 사그라들기도 하지만, 까다로운 소수의 입맛을 맞추기 어렵다는 점은 영양사로서 늘 고민이었다.

그러던 어느 날 조식이 나간 후 한 환자로부터 호출이 왔고, 황

급히 달려간 은지 씨는 그 환자의 말에 큰 충격을 받았다. "이걸 밥이라고 준 거야? 너는 어미 아비도 없어?" 노발대발하며 부모님 안부를 묻는 환자를 진정시키기 위해 사과를 하고 식사를 다시 준비해드렸다. 이 일로 원무팀장과 면담하며 고충을 호소했지만 "다들 아프니까 그러지. 적당히 맞춰주고 그만 잊어버려"라는 대답만 들었을 뿐이다.

늘 식사 시간마다 모두에게 평가를 받아야 한다는 중압감과 함께 영양사라는 직업이 존중받지 못하고 있다는 생각이 들었다. 과도한 스트레스 탓에 최근에는 건강까지 나빠졌다. 사회생활이 녹록지 않다는 것은 잘 알고 있었지만, 이런 취급을 받을 바에는 전공을 포기하는 것이 나을 것 같았다. 고민 끝에 그만두겠다는 은지 씨의 말에 원무팀장은 "마음이 약해서 그런 것 같은데 버티면 된다"고 했지만, 은지 씨는 일이 행복하지 않다면 의미가 없다고 느꼈다. 이후 은지 씨는 사무 직종으로 이직을 하기 위해 퇴근 후 토익 공부를 하고 있다.

"나는 천근만근인 몸을 질질 끌고 가기 싫은 회사로 간다."

2018년 tvN에서 방영된 드라마 〈나의 아저씨〉의 주인공 이선

밀레니얼은 어떤 직장을 원하는가

균의 이 한마디에 많은 시청자가 공감했다. 회사에 가기 싫은 것은 비단 밀레니얼 세대만은 아닐 것이다. 일요일 저녁 〈개그콘서트〉가 끝나면 출근할 생각에 한숨을 쉬게 된다는 직장인들, 회사 가기 싫은 것과 퇴사를 하는 것 사이에는 그래도 거리가 있었다. 기성세대에게 사표는 마음속 한구석에 저장만 해둘 뿐 꺼내지 않는 경우가 대부분이다. 잦은 이직과 퇴사는 근성 부족의 산물이다.

반면에 밀레니얼 세대는 그렇지 않다. '요즘 애들'이라고 불리는 밀레니얼 세대는 빠른 퇴사를 '용기'라고 부른다. 그 용기가 생기기까지 많은 이유가 있겠지만, 특히 직장에서 상사에게, 동료에게, 고객에게 '존중받지 못할 때' 사직서를 제출한다. 버티는 직장 생활은 이제 그만이고, "피할 수 없으면 즐겨라"는 옛말이 되었다. 이제는 "즐길 수 없다면 피해라"이다.[15]

〈나의 아저씨〉에서 이선균이 말했다. "회사는 기계가 다니는 뎁니까? 인간이 다니는 곳입니다." 회사는 사람이 모인 곳이고, 일도 사람이 하는 것이다. 존중받으려면 업무 능력이 좋아야 한다고 말한다면, 존중받는 직원이 업무 성과도 좋다고 답하고자 한다. 과학적으로 뇌는 스트레스 상황에서 본래 역량만큼 제 기능을 발휘하지 못하는데, 인간은 존중감을 느끼지 못할 때 큰 스트레스를 받는다고 한다. 능력을 과소평가받거나, 업무 중 인간 관계로 인해 스트레스를 받게 되는 경우 업무 성과가 떨어지는 것은 자연스러운 일이다.

리더십 전문가들이 훌륭한 리더의 주요 덕목 중 하나를 '존중하는 태도'로 꼽을 정도로 직장인에게 '상사의 존중을 받는 것'은 큰 의미를 지닌다. 스스로 존중받는다고 느끼는 직원은 업무 만족도와 기업의 충성도가 높을 수밖에 없다.

밀레니얼 세대는 개인의 의견과 가치가 존중받는 회사에서 일하기를 희망한다. 버티면 인정받고 올라가는 것이 아닌, 나와 맞지 않으면 한시라도 빨리 결정해 옮기는 것이 최선의 선택이다. 오히려 직장에서 자리를 부지하기 위해 존중받지 못한 채 전전긍긍하는 윗세대를 보아왔기 때문이다. 입사하자마자 퇴사를 생각하는 밀레니얼이 다소 한심하고, 끈기 없고, 정신력이 약하다는 편견은 이러한 차이에서 온 것이다.

사람이 존중받고자 하는 욕구는 문화, 성별, 나이를 불문하고 동일하며, 지금보다 더 나은 사람이 되고자 하는 욕구는 본능만큼 강하다. 따라서 새로운 직장을 구하거나, 새 업무 프로젝트를 맡게 되었을 때 존중받고자 하는 욕구는 성과를 뒷받침하는 원동력이 된다.

밀레니얼은 어떤 직장을 원하는가

밀레니얼 세대가 일터에서 존중받고자 하는 것은 유별나지 않다는 의미이다. 2011년 애플의 한 영업사원이 자신의 블로그에서 애플의 CEO 팀 쿡Tim Cook을 이렇게 묘사한 적이 있다.

For Tim Cook there are no dumb questions. When he answered me he spoke to me as if I were the most important person at Apple. Indeed, he addressed me as if I were Steve Jobs himself. His look, his tone, the long pause… that's the day I began to feel like more than just a replaceable part.[16]

그에게 하찮은 질문이란 없었다. 그는 내가 애플에서 가장 중요한 사람인 것처럼 나의 질문에 대답했다. 그는 나를 스티브 잡스처럼 대했다. 그의 표정, 목소리 톤, 그리고 오랜 침묵이 나를 존중하고 있다는 느낌을 주었다. 그날 나는 쉽게 대체될 수 있는 직원이 아니라고 생각하게 되었다.

과연 우리 회사의 문화는, 조직의 관리자인 나는 조직원들을 어떻게 존중하고 있을까.

가치 있는 일을 하는 회사가 좋아요

왜 아무도 손을 들지 않는 거니

온라인 커머스팀에서 외부 촬영 예산 결재가 반려되어 내부 인원이 제품 촬영까지 진행해야 하는 상황이 발생했다. 디자인팀은 회의실에 모여 대책을 논의하며 누가 사진을 찍을 것인지 결정해야 했다. "자원할 사람?" 이 팀장의 질문에 팀원들은 그의 눈길을 피하기에 바빴다. 예전 같으면 눈치를 보다가 한 명 정도 자원하곤 했는데, 요즘 친구들은 쓸데없는 일이 늘어난다고 생각하는지 아무도 손을 들지 않았다. 결국 이 팀장은 구석에 있던 한 팀원을 콕 집어 지시할 수밖에 없었다.

위 에피소드는 SBS 스페셜에서 방영한 〈마흔, 팀장님은 왜 그

럴까〉라는 제목의 다큐멘터리에 소개된 내용을 각색한 것이다.[17]
피치 못할 사정으로 잡무를 처리해야 할 때 부하 직원들이 눈치
게임을 하는 모습을 한 번이라도 겪어보았다면 공감이 갈 듯하
다. 위에서는 안 된다고 하고 아래에서는 서로 떠안기 싫어하니,
팀장인 본인이 처리하거나 그나마 군말 덜 하는 팀원을 선택해서
맡겨야 하는 상황 말이다. 허드렛일을 시키려는 게 아니라 팀을
위한 일인데 아무도 하지 않으려고 하는 다소 이기적으로 보이는
모습에 서운해하지 않는다면 거짓말일 것이다.

잡무란 무엇인가

부모님의 원수를 갚기 위해 산꼭대기의 무림 고수를 찾아간 밀레
니얼, 고수는 그에게 아무런 설명 없이 물 길어오기, 가마솥에 밥
짓기, 장작 패기 등 허드렛일만 시켰다. 하루, 이틀, 사흘…… 무
술을 가르쳐달라고 해도 잡일만 시키는 고수. 밀레니얼은 생각한
다. '부모님의 원수를 꼭 무술로 갚을 필요는 없지 않나?' 고수에
게 하직 인사를 하고 산에서 내려와 장사를 배워 거부가 된 밀레
니얼은 원수의 사업을 몰락시켜 복수를 한다.

잡무의 사전적 의미는 '여러 가지 자질구레한 사무나 일'로, 다른 말로 순화하면 '갖가지 일' 또는 '허드렛일'이다.[18] '잡무를 처리한다'고 할 때 다른 활용으로 으레 '괴롭히다, 성가시다'라는 의미의 '시달린다'라는 동사가 따라온다. 괴롭고 성가실 정도로 하기 싫은 마음이 담겨 있는 잡무는 직장인에게 "왜 내가 해야 하는지 모르겠지만, 나보고 하라니까 하는 일"이다. 왜 하는지 모르겠지만 누군가는 해야 하기에 맡게 되는 잡무, 그것이 요즘 밀레니얼 세대에게는 퇴사 사유 중 하나로 심심치 않게 등장하고 있다.

과거보다 고高스펙에 업무적인 배경지식까지 쌓고 입사한 요즘 신입사원들은 업무 전반을 꿰뚫고 있다고 생각하기 쉽다. 일에 대한 욕심과 의욕이 넘치는 경우, 중요한 업무에 참여할 수 있기를 고대하기도 한다. 그러나 정작 실무에 투입되었을 때, 그들이 직접 처리할 수 있는 일은 없다. 오히려 잡무라고 불리는 선배들의 서포트 역할이 주 업무이다. 여기서 오는 괴리감은 업무 의욕 저하로 이어지기도 한다. 여기서 짚고 넘어가야 할 점은, 잡무가 많다고 퇴사하는 것이 아니라 본인이 처리하는 업무의 '가치'를 느낄 수 있는지 없는지가 퇴사를 결정짓는다는 것이다.

밀레니얼은 어떤 직장을 원하는가

세대별 잡무에 대한 생각

베이비붐 세대에게 잡무란 근면, 성실함을 테스트하고 내공을 쌓을 수 있는 수단이다. 허드렛일은 체력을 기르기 위한 무림 고수의 깊은 뜻이다. X세대는 귀찮고 번거롭지만, 처음에 한 번은 경험해야 하는 것으로 여긴다. 무림 고수의 가르침을 받기 전 통과의례 정도이다. 잡무를 '왜' 해야 하는지, '더 편하게 할 수 있는 방법'은 없는지 선배에게 의문을 제기한 적 없는 그들이 밀레니얼 세대 신입으로부터 발칙한 질문을 듣게 된다면 크게 당황스러울 수밖에 없다.

사무 환경이 변했다는 점도 한몫한다. CEO연구소 김성회 소장은 자신의 칼럼을 통해 경제 성장기에는 회사 내 전표 관리, 회의 수발 등 경리와 사무업무 보조 및 지원이 풍부했으나 1997년 IMF로 조직의 인원이 감축되는 동시에 사무자동화가 도입되기 시작하면서 보조를 받던 일들이 직원 개개인의 업무로 편입되었다고 했다. 그리고 요즘은 규모가 큰 대기업이 아닌 이상 서무, 경리를 비롯한 사무보조 인력을 두기 어려운 상황에서 사무자동화는 오히려 잡다한 업무를 늘려주었다고 설명했다.

파워포인트, 워드 등 사무용 OS의 활용과 IT 기기를 사용하는

데 익숙하지 않은 윗세대의 일까지 밀레니얼 세대의 몫이다. 업무의 전문성은 높아졌지만 해야 할 일은 많고, 보조해야 할 사람들까지 짊어진 상황이 된 것이다.[19]

잡코리아가 직장인 1,135명을 대상으로 설문 조사를 실시한 결과에 따르면, 직장인의 77.3퍼센트가 "근무시간 중 본업과 무관한 잡무 처리를 위해 시간을 허비하고 있다"고 답했다. 각종 직장인 익명 포털에서 "잡무를 처리하느라 일을 할 시간이 없다"라고 하는 것은 과장이 아니다. 최근 취업 포털 '사람인'이 조사한 결과 또한 '직장인 상황별 나를 서럽게 하는 순간 워스트 5'에서 압도적인 1위로 "잡다한 업무를 도맡아 할 때"(42.3퍼센트)가 선정되기도 했다. 이와 비슷하게 출근 후 맡게 되는 여러 업무 중 가장 하기 싫은 일 1위는 "왜 하는지 모르지만, 상사가 시켜서 하는 일"(40.6퍼센트)이 차지하기도 했다.[20]

한편, 파릇파릇한 후배들 덕에 일손을 좀 덜겠다고 안심했던 대리들은 후배들이 '퇴사'할까 봐 잡무를 본인이 도맡아 처리하며 한숨짓는다. 오히려 이들의 잡무 피로도를 걱정해야 할 상황이다. 이를 해결하기 위해서는, 우선 누군가는 꼭 해야 하는 '잡무'의 의미에 대해서 생각해야 한다. "연차가 낮은 사람이 으레 하는 일"로 치부하거나 "힘들어도 좀 참아"라는 식의 위로는 도

밀레니얼은 어떤 직장을 원하는가

움이 되지 않는다. 본인의 업무와 어떻게 연관이 되는지, 공동의 목표를 성취하기 위해서 이 '잡무'가 어떤 의미가 있는지 설명하고, "왜 이 일을 해야 하는 것인가" 하는 의구심부터 치워주어야 한다.

밀레니얼 세대가 직장에서 원하는 것은 본인의 역량을 성장시키는 일이다. 따라서 지금 하는 일이 단기적으로 본인에게 어떤 도움을 주는지, 그들의 관점에서 설명해주는 것이 핵심이다. 불공정함에 민감한 이들이기 때문에 과거처럼 막내가 당연히 해야 하는 일이라고 몰아주기보다는 팀원들 간에 공정하게 분배하여 혼자 '덤터기' 쓴다는 억울함을 덜어주는 것 또한 도움이 된다.

좋아하거나 의미 있거나

한국경영자총연합회에 따르면, 1년도 되지 않아 퇴사한 신입사원의 비율이 25.2퍼센트라고 한다. 주요 사유 중 하나로는 "맡은 일에서 흥미나 의미, 비전을 찾지 못했기 때문"이라고 한다.[21] 켈리 글로벌 산업인력 지표KGWI에 의하면, 젊은 직장인의 51퍼센트가 '더 중요하고 의미 있는' 일이라면 연봉이 줄어들거나 직위가

낮아져도 받아들일 준비가 되어 있다고 응답했다고 한다.[22]

또한 연구 조사 기관 바이어컴Viacom에서는 4,400명가량의 밀레니얼 세대를 대상으로 직업에서 그들이 어떤 것을 가치 있게 여기는지 설문 조사를 했는데, 거의 절반에 가까운 응답자가 "내가 즐기는 일을 하는 것이 가장 가치 있는 일"이라고 답했다. 따라서 밀레니얼 세대는 불확실한 미래보다는 손에 닿는 현재에서 삶의 의미를 찾는 성향이 강함을 알 수 있다.

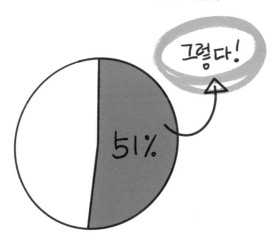

더 중요하고 의미 있는 일이라면 연봉이 줄어들거나
직위가 낮아져도 받아들일 준비가 되어 있다

그렇다!

51%

출처: 바이어컴[23]

밀레니얼은 어떤 직장을 원하는가

밀레니얼 세대에게 일이란 '나'의 의미를 찾는 과정 중 하나이다. 따라서 '일의 가치'를 보다 명확하게 인식시키는 것이 중요하다. "회사 때문에 우리가 먹고 산다. 회사의 성장이 개인의 성장이다" 또는 "대표 마인드로 일하는 것이 프로의 자세다" 등등 '개인'의 관점과 동떨어진 방식의 조언은 금물이다.

직장에서 자아 찾기

밀레니얼 세대는 자라면서 부모님의 삶이 일과 너무나 밀접하게 연관되어 있음을 지켜보았다. 요즘 세대는 일과 삶의 연결 고리를 다른 방식으로 풀어가기를 희망한다. 야근 없는 '워라밸work and life balance'로 일과 삶을 분리해 사생활에 집중하거나, 그럴 수 없다면 일터에서 자아를 찾을 수 있기를 바란다.

하루 중 9시간 이상을 우리는 일터에서 보낸다. 출퇴근 시간까지 포함한다면 일상의 절반을 직장을 위해 할애하는 셈이다. 하루의 절반을 보내는 직장이기에 오히려 밀레니얼 세대는 단순한 돈벌이를 넘어 일에 의미를 부여하고자 한다. 이들이 일에 불어넣는 의미는 궁극적으로 개인의 삶에 만족감과 자존감으로 이어진다.

흔히 우리는 사회생활 선배들로부터 직장은 돈을 버는 곳이지 꿈을 찾는 곳은 아니라고 들어왔다. 아이러니하게도 이 선배들은 회사와 함께 꿈을 좇지 않는 신세대들에게 현실성이 없다며 비판한다. 하지만 직장에 머무르는 시간 동안 자신이 하는 일을 통해 가치와 존재감을 느끼지 못한다면 누구나 타성에 빠지기 쉽다. 밀레니얼 세대는 '경험'과 '의미'를 중시하는 만큼 직장에서의 경험을 통해 가치와 보람을 어떤 세대보다 강하게 추구한다. 그들에게 무기력함이란 괴로움이다.

좋아하는 일을 하면서 돈도 벌고, 인정도 받을 수 있다면 얼마나 행복할까. 세 마리 토끼를 한꺼번에 잡을 수 있는 직장이란 있을 수 없기 때문에 밀레니얼 세대는 선택한다. 회사에서 자아를 찾을 수 없다면 밖에서 찾으리라. 때때로 이들은 회사에서의 자아와 회사 밖에서의 자아를 분리하기도 한다. 밀레니얼 세대가 직장 밖에서의 활동을 통해 자아를 찾으려는 이유는 그들에게 그 누구도 '일의 의미'를 피부에 와닿게 알려준 적이 없기 때문일 것이다. 과연 우리의 일이 월급 이상으로 줄 수 있는 가치는 무엇일까.

밀레니얼은 어떤 직장을 원하는가

성장하는 회사가 좋아요

이 회사에서는 꿈이 없습니다만

차량용품 수입회사에서 영업지원 업무를 하는 전주현 씨에게 최근 '현타(현실 자각 시간)'가 왔다. 5년 뒤 자신의 모습을 그려보니 사수와 다르지 않을 것이라는 생각이 들어서였다. 전주현 씨의 회사에서는 영업부서의 영향력이 가장 크다. 영업지원팀은 영업사원들이 업무에 집중할 수 있도록 지원을 해주는 꼭 필요한 부서이다. 처음에는 그러한 업무에 매력을 느꼈다. 그러나 연차가 높은 사수에게 늦게 입사한 영업사원들이 업무를 지시하는 것을 보며 성장하는 데 한계가 있음을 깨달았다.

전주현 씨의 사수는 분명 능력과 재주가 있는 사람이다. 아마

다른 일을 한다면 지금보다 더 나은 대우를 받을 수 있을 것이다. 점심을 먹으면서 사수와 함께 꿈에 대해서 이야기했는데, 그저 안정적으로 쭉 다닐 수 있는 직장에 만족하기 때문에 다른 일은 생각하지 않는다는 답변을 들었다. 전주현 씨는 이대로 있다가는 나도 사수와 같이 사고가 막히는 것은 아닌지 걱정이 되었다.

멘토와 본보기가 필요한 세대

직장인 익명 SNS 블라인드에서는 멘토를 원하는 직장인들의 속마음을 엿볼 수 있다. 이들은 공통적으로 "회사에서는 당연히 멘토가 없다"면서 회사 밖에서라도 일과 삶에 대한 고민을 나누고 조언을 얻을 수 있는 연륜 있는 사람이 필요하다고 말한다. 윗세대라면 무조건 '꼰대'라고 부르며 소통을 하지 않는다는 밀레니얼에 대한 오해가 만연하지만, 절대 그렇지 않다. 자신을 지지해주고 업무에 대해 피드백을 해줄 수 있는 유능한 선배, 후배들을 인내심 있게 가르치고 인도하는 책임감 있는 선배를 원하고 존경한다.

미국 MTV에서 진행한 조사에 따르면, 밀레니얼 세대의 75퍼센트가 멘토를 원하고, 그중 90퍼센트는 회사 내 선배들이 자신

밀레니얼은 어떤 직장을 원하는가

의 아이디어와 의견에 귀를 기울여주기를 바란다. 그러나 직장 내 현실에서 밀레니얼 세대는 방치되고 있으며, 합리적이지 못한 업무와 관행에 환멸을 느끼며 퇴사를 한다.

대기업에서는 신입사원 연수를 한 달 내지 석 달까지 진행하지만, 대다수의 기업은 신입사원이 입사하면 간단한 OJT를 거치고 나서 바로 실무에 투입한다. 업무 지침은 참고용일 뿐이고, 실무를 하면서 발생하는 다양한 변수까지 다룰 수는 없다. 오히려 "회사는 학교가 아니라 일하는 곳"으로 인식하며 "이 정도는 당연히 알아서 해야지"라고 주입한다. 배우지 못하는 것도, 물어보지 못하는 것도 다 '막내'이기 때문이다. 이렇게 된 배경에는 회사에 후임이 들어왔을 때 어떻게 가르쳐야 함께 성장할 수 있는지에 대해서 아무도 알려주는 사람이 없다는 점이 크게 작용한다.

바쁜 업무에 치여 가르쳐주는 것은 번거롭고 지적하기는 쉽다. "나 때는 알려주는 사람이 없어도 어깨너머로 잘만 배웠어"라는 지극히 꼰대적인 생각은 그만두자. 만약 그때 책임감 있는 유능한 멘토를 만났더라면 지금보다 더 성장한 '내'가 되어 있지 않을까.

회사에서 따를 멘토와 롤 모델이 없다는 것은 밀레니얼 세대에게 이 회사는 장래성이 없다는 뜻과 같다. 그들에게 비전이란 내년 상반기까지 순이익 몇 퍼센트 달성과 같은 것이 아니다. 목표지향적이고 성장 욕심이 강한 세대이기 때문에 회사 내에 3년, 5년 후를 바라볼 만한 본보기가 있는지, 그처럼 성장할 수 있는 기반을 회사가 제공할 수 있는지가 바로 비전vision이다. 이를 위해서는 조직 문화에서 지도력에 대한 재정의가 필요하다. 업무 시 필요한 경우 지원을 받을 수 있고 업무에 대한 피드백을 줄 수 있는 선배, 후배가 실수를 했을 때 바로잡아주고 그 경험을 통해서 배울 수 있도록 이끄는 멘토 같은 역할을 하는 선배들을 조직 문화 차원에서 준비해야 한다. 더 나아가 조직 내에서 자신이 하는 일의 목적과 중요성을 사업 전체의 관점에서 이해하고, 회사와 함께 어떻게 성장할 수 있는지 가시적으로 확인하고 확신할 때, 밀레니얼 세대는 더욱 업무에 몰입할 수 있을 것이다.[24]

내 성장을 위해서 퇴사합니다

홍보 일을 맡은 고희민 씨는 요즘 흔히 말하는 퇴사 지망생이다. 퇴직금을 투자하여 디지털 마케팅을 배워볼 생각이다. "회사에서 배우면 되지 뭘 퇴사까지 하느냐"는 우려 섞인 부장님의 말씀이 기분 나쁘지 않은 것은 자신을 걱정해준다는 사실을 잘 알고 있기 때문이다. 그러나 업무에 디지털 마케팅을 적용하려면 상사들을 설득해야 하는 문제도 있지만, 선배들로부터 괜히 일을 만든다는 핀잔을 듣게 될 것이 뻔하므로 얘기도 꺼내기 싫었다. 더욱이 알려줄 사람도 없는데 일을 하면서 어떻게 배울 수 있겠는가. 사실 매달 꼬박꼬박 들어오는 월급이 아쉽기도 하고, 고가의 학원에 다니면서 다시 취업 준비를 해야 하는 것이 막막하기도 하지만, 희민 씨는 자신의 역량 강화를 위한 투자라고 생각하고 과감하게 시작해볼 생각이다.

밀레니얼 세대는 '월급 루팡'이 아닙니다

'요즘 세대는 열정이 없어. 회사에서도 딱 시키는 일만 하고 성장하고자 하는 의지도 없는 것 같아. 나 땐 말이야……'

내가 이 회사에 어느 정도 이바지했다고 자부하는 관리자로서 요즘 신입사원들을 보며 이런 생각이 들었다면 앞으로는 편견을 버리길 바란다. 선입견이 가득한 부정적인 생각을 하는 것만으로도 자신도 모르게 부하 직원을 그렇게 대하게 되며, 이를 느낀 조직원들은 당연히 상사와 조직을 믿지 못하는 분위기를 조성하게 되기 때문이다. 조직과 인력 전문 컨설팅 회사 퓨처센스FutureSense의 CEO 겸 회장인 짐 핀켈스타인Jim Finkelstein은 "우리는 그들이 일을 찾아서 하지 않기 때문에 게으르다고 생각하기 쉽다. 하지만 진짜 문제는 그들에게 일을 주지 않은 우리다"라고 말했다. 회사에서 열정 없고, 늘어지고, 요구만 많은 세대라고 비판받는 밀레니얼은 치열한 경쟁 속에서 자랐으며, 태어날 때부터 디지털 혁신 속에서 살아왔기 때문에 창의적이고 혁신적이며 늘업무와 성장에 목말라 있다.

미국의 한 리서치 회사인 유데미Udemy가 최근 발표한 '직장의 밀레니얼 세대' 보고서에 따르면, 밀레니얼 세대가 직장에서 마주하는 편견 중 가장 듣기 싫은 말이 '이기적이다'와 '게으르다'라고 하니, 비단 한국만의 편견은 아닌 셈이다. 전 세계적으로 '요즘 세대'는 직장에서 헌신하지도 않고, 노력도 하지 않으며, 까다롭기만 한 세대로 낙인찍혀 억울함을 호소한다. 최근 밀레니얼 세대를 이해하고자 하는 노력이 기업들에서 활발하게 이루어

밀레니얼은 어떤 직장을 원하는가

지고 있지만, 여전히 이들은 직장에서 '제대로 이해받지 못하는 세대'이다.

몇 년 전 한 국회의원이 20대 청년들을 대상으로 '노오력'이 부족하다는 망언을 해서 분노를 샀던 적이 있다. 그때부터 '노력'이 아닌 '노오력'은 듣기만 해도 진절머리 나는 단어가 되었다. 그도 그럴 것이 밀레니얼 세대는 그 어떤 윗세대보다 다가올 미래에 열심히 대비하고 있기 때문이다. 또한 그들은 자기 계발 의지가 강하며, 커리어 확장을 위해 자격증 공부를 하거나 사설 학원에서 실무 트레이닝을 받기도 한다.

CNBC와 『포브스Forbes』지에서 보도한 '밀레니얼 세대가 직장의 미래에 혁신을 가져오는 방법'에 따르면, 다수의 베이비붐 세대는 '새로운 기술 배우기Reskilling'에 대한 책임이 회사에 있다며 소극적으로 대답했지만, 밀레니얼 세대는 적극적으로 자기 계발을 하며 계획을 세우겠다고 답했다. 또한 73퍼센트의 밀레니얼 세대가 커리어를 확장하기 위해 공부하거나 트레이닝을 받을 의사가 있다고 밝혔다.[25] 그동안의 선입견과 다르게 미래 시장 변화에 부지런히 대비하고 있는 것은 밀레니얼 세대이다. 그들은 절대 게으르지 않다.

최근 성황을 이루는 성인 교육 시장에서도 밀레니얼 세대의 성장 욕구를 찾아볼 수 있다. 통계청에 따르면, 지난 2010년부터 2016년까지 성인을 대상으로 직업기술 강의를 하는 학원이 약 33퍼센트 증가했다고 한다. IBK투자증권에서 발행한 '2013 교육산업' 보고서에서도 성인 대상의 교육 시장 규모가 약 3조 원대로 추정된다고 했다.

어린 시절부터 과외와 학원을 돌며 사교육에 익숙한 밀레니얼 세대는 업무도 회사가 아닌 학원에서 배운다. 3개월 과정의 부트캠프 교육 강좌가 400만 원에 육박하고, 퇴근 후 수강하는 교육 과정 또한 100만 원대에 이른다.[26] 과거 엑셀, 파워포인트 등 사무용 툴에 한정되었던 직장인 대상 교육 분야가 개발, 디지털 마케팅, 데이터 분석, UI/UX 디자인, PR, 서비스 기획 등 직무와 직접적으로 연관된 강의로 확장되었다. 밀레니얼 세대는 실무에 직접적인 도움을 받을 수 있다고 생각하면 과감하게 비용을 지불하고, 퇴근 후 시간을 투자한다.

당구대보다 그들의 흥미를 자극하는 것들

밀레니얼 세대가 자기 계발과 성장에 대한 의지가 강한 만큼 회사에 대한 만족도가 높아질 때는 '회사에서 내가 성장할 수 있다고 느낄 경우'이다. 신입사원의 42퍼센트가 직장을 고를 때 연봉 다음으로 배움과 개발 기회를 뽑는 만큼 현 직장에 머무를지 말지를 결정하는 요소 중 하나가 '능력 개발'이라고 한다. 자신의 경력에 집중하는 만큼 직접적으로 도움이 되지 않는 업무를 맡거나, 장래성이 없는 일이라고 느낄 때 무기력하고 의지가 없어 보이는 것은 이 때문이다.

신입사원의 직장 선택 기준 1위는?

직무	17.6%
최종 및 합격	14.5%
발전 가능성	10.9%
거리	10.4%
연차도	10.3%
여직 만족름	9.7%
연봉	9.6%
교통편	6.9%

출처: 인크루트[27]

회사에 게임기나 다트판, 당구대를 설치하는 것이 밀레니얼 세대가 업무에 흥미를 느끼게 하는 요소라고 생각하기 쉽다. 하지만 정작 흥미를 느낄 수 있는 요소는 '일을 통해서 무엇을 배울 수 있는가'이다. 입으로는 '월급 루팡(일하지 않고 월급만 받아가는 월급 도둑)'을 꿈꾼다고 하지만 성장할 기회가 있다면 시간과 돈, 열정을 불사르는 밀레니얼 세대, 이들 스스로 '이 회사에 들어오기 전보다 더욱 나은 사람이 되었다'고 느끼게 하는 것이 새 시대의 리더십이라고 할 수 있다.

밀레니얼은 어떤 직장을 원하는가

안정적인 회사가 좋아요

밀레니얼은 욜로가 아닌 현실주의자

YOLO라는 말이 유행한 적이 있다. "You Only Live Once", 즉 한 번 사는 인생 나 하고 싶은 대로 살자는 의미이다. 이 단어는 캐나다 출신의 래퍼인 드레이크Drake가 자신의 곡 〈좌우명The Motto〉에서 표현한 구절에서 유래되었다. 이후 미국 버락 오바마 Barack Obama 대통령의 복지정책의 하나였던 '오바마 케어'의 홍보 영상에 그가 직접 출연하여 "YOLO Man!"을 외치기도 했다.[28]

"You only live once, that's the motty YOLO."

- Drake

미국에서 사용되던 속어가 한국에서 유행하게 된 것은 tvN 방송 〈꽃보다 청춘〉에 소개되면서부터이다. 이후 '욜로족', '욜로라이프' 등 다양한 신조어로 이어지며 밀레니얼 세대를 대변하는 단어가 되었다. 삶도, 소비도, 직장도 '욜로'. 자기 뜻대로 선택하며 취향에 맞지 않으면 과감하게 돌아서는 것을 마치 이 세대의 특징처럼 여겨왔다. 이러한 사회적 인식과는 별개로 각종 통계 및 설문을 보면, 밀레니얼 세대는 욜로가 아닌 현실주의자에 더 가깝다는 것을 알 수 있다. 그 대표적인 예가 그들이 직업과 직장을 선택하는 방식이다.

컨설팅 회사인 딜로이트는 세계 속 밀레니얼 세대의 관점을 분석하는 보고서 '밀레니얼 서베이Millennial Survey'를 2012년부터 매해 발행 하고 있다. 최근 실시한 '2019 딜로이트 밀레니얼 서베이'에서는 다소 흥미로운 결과를 확인할 수 있는데, 한국의 밀레니얼 세대 중 63퍼센트가 자신의 목표 5가지 중 하나로 '높은 연봉과 부유함'을 꼽았다는 것이다. 이는 세계 여러 나라의 밀레니얼 세대가 가진 목표, 즉 '세계 여행' 또는 '지역사회에 이바지하는 일'이 주류를 차지하는 것과는 다른 양상이다.

2008년 금융위기 이후 경제, 사회 전반에 걸친 불확실성과 전 세계적으로 실업률이 큰 문제로 대두되는 가운데 밀레니얼 세대

밀레니얼은 어떤 직장을 원하는가

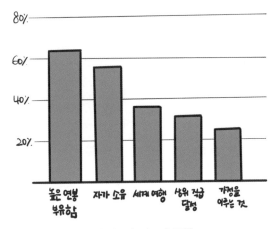

밀레니얼 세대가 관심을 둔 5가지 목표

80%

60%

40%

20%

높은 연봉 | 자가 소유 | 세계 여행 | 상위 직급 달성 | 가정을 이루는 것 | 부유함

출처: 한국 딜로이트 서베이[29]

는 자연스럽게 경제적 안정을 가져다줄 수 있는 직장을 우선순위로 두게 되었다. 그러나 경제력을 보장받을 수 있는 대기업, 연금 혜택이 있는 공무원 및 공기업과 같이 애석하게도 경제적인 안정감을 줄 수 있는 직장은 '신의 직장'이라는 별명처럼 손에 꼽힐 정도로 적다. 모두가 소망하는 만큼 경쟁률이 심화되고 있다는 점은 큰 문제로 지적된다.

안정에 대한 욕구는 누구보다 강하다

과거처럼 정년이 보장되지 않는 현시대에서 평생직장은 있을 수 없다는 것을 우리는 1997년 불어닥친 IMF 시절 부모 세대를 통해 배웠다. 또한 밀레니얼은 사회에 진출하는 순간부터 빚을 안고 있는 세대이기도 하다. 학자금과 생활비를 위해 대학생 때부터 빚이 생기고, 공부하기도 바쁜 중에 상당한 시간을 아르바이트하며 돈벌이에 나선다.

예전에 신한은행이 발표한 '보통사람 금융생활 보고서'에 따르면, 20~39세 사회 초년생들 중 44퍼센트가 대출을 보유하고 있으며, 부채는 총 3,391만 원에 이른다고 한다. 평균 대출 상환 기간이 4.9년으로 사회 초년생 시절은 빚을 갚기 위해 보낸다고 해도 과언이 아니다.[30] 학자금 대출과 취업 절벽을 겪은 밀레니얼 세대는 다른 세대보다 신용카드의 거부감이 크며, 빚을 내는 것에 민감하고, 저축에 신경을 쓴다.[31]

'탕진잼(소소하게 낭비하는 재미)'도 좋지만, 자산을 축적하면서 노후를 대비해야 한다는 필요성을 인식하고 있는 밀레니얼 세대 또한 절대 적지 않다. 지난해 보험연구원에서는 '보험 소비자 설문 조사'를 진행했는데, 20~30대 응답자들이 저축성 및 연금 보험에

밀레니얼은 어떤 직장을 원하는가

도 관심을 두고 있다는 결과를 통해 그러한 점을 유추해볼 수 있다.[32] '실패'에 대한 생각도 1990년대생과 다른 세대는 큰 차이를 보이는데, 국내 한 여론조사 기관에 따르면 30대 이상 모든 세대가 '건강하지 못한 것'을 '실패에 가장 가까운 모습'이라고 꼽았지만, 20대 이하는 '경제적 결핍'(31퍼센트)을 먼저 꼽았다.[33]

학자금, 생활비, 스펙 쌓기를 위한 각종 자격증 비용 등 평범한 자신의 삶을 유지하기 위해서 당장 투자해야 할 것이 많다. 우리 주변의 밀레니얼 세대 대다수가 욜로는 사치라고 여기고 있다. 오히려 그들에게 작은 사치는 매주 구입하는 5,000원의 복권과 다이소에서 1만 원 이내로 쇼핑할 수 있는 예쁜 쓰레기와 같이 소소하다.

지금까지 이어지는 고용불안과 경제 불안정이 직업과 직장 선택에도 결정적인 영향을 미치고 있다. 부모 세대가 경제적인 고통을 온몸으로 받아내는 것을 보며 자랐기 때문에 경제적인 안정은 최우선 순위가 되었다. 또한 자녀 세대는 경제적인 문제를 겪지 않기를 바라는 부모들의 권유가 강한 영향력을 발휘한 것도 한몫한다. 대한민국에 불고 있는 공무원, 교사, 공기업 열풍의 배경에는 경제적으로 안정된 삶을 살고자 하는 밀레니얼의 소망이 반영되어 있다.

치열함보다는 마음의 안정이 최고다

1990년생 신슬아 씨는 지금 다니고 있는 직장에 매우 만족하고 있다. 굴지의 중견기업 지소에서 유통 업무를 맡은 슬아 씨와 함께하는 동료들은 대부분 1960년생 이상이다. 정년까지 다닐 수 있는 직장인 데다가 안정적인 유통망을 가지고 있어서 그 누구도 치열하게 일하지 않는다. 젊은 직원이 몇 명 없어서 대부분의 실무는 그녀와 직속 선임이 처리한다. 영업이나 고객사 문제 해결 등 노련함을 요구하는 업무가 발생하면 상사들이 나서서 정리한다.

본사처럼 경쟁이 치열하지 않은 데다가 정시 출퇴근까지 가능한 환경이 안정감을 중요시하는 슬아 씨에게 더할 나위 없이 만족스럽다. 더구나 빠른 업무 적응력과 타고난 붙임성으로 삼촌뻘 되는 선배들의 총애를 받고 있어 그 흔하다는 상사 스트레스 한 번 받지 않았다. 친구들은 진급하는 재미라도 있어야 할 것이 아니냐고 하지만, 슬아 씨는 남들만큼 월급 받으면서 정신적으로 괴롭지 않은 직장에서 그저 오래도록 다니고 싶다.

밀레니얼은 어떤 직장을 원하는가

직장도 가성비의 시대

밀레니얼 세대에 대해서 흔히 가지고 있는 생각 중 하나가 돈보다 마음의 안정을 중시한다는 것이다. 직장 내에서 포기가 빠르고 퇴사율이 높은 세대라고 여기는 것도 그 이유 때문일 것이다. 밀레니얼 세대는 본인의 성장 가능성과 더불어 안정감을 얻을 수 있는 직장을 찾기 위해 열심히 탐색한다. 이른바 직장 내 꼰대와 부당한 관습에 반기를 들고 퇴사하는 밀레니얼 세대의 생각 이면에는 현재 회사의 처우(연봉 및 복지)와 안정감을 지금의 행복과 저울질하여 '가성비(비용 대비 만족도)'가 떨어진다고 판단되면 빠르게 자신에게 맞는 일과 조직을 찾아 나서는 것으로 볼 수 있다.

한국청소년정책연구원의 2017년 청년 사회경제 실태조사 보고서에 따르면, 20대 직장인 10명 중 8명(81.7퍼센트)이 스스로 회사를 그만둔 적이 있다고 답했다. 만족할 수 없는 가성비를 가진 직장에서 밀레니얼 세대에게 "조직과 미래를 위해 참고 견뎌라"는 식의 조언이 귀에 들어오지 않는 것은 당연하다.

회사에서 열심히 일해도 예전처럼 보상이 돌아오지 않는다는 것을 잘 아는 세대이기 때문에 회사든 사회든 자신의 현재를 망치지 않도록 방어한다. 『나는 그냥 버스 기사입니다』, 『저 청소일하는데요?』등의 20대가 공감하고 위로해주는 수필의 유행을 통해 불확실한 경제 상황 속 직장 내 고용 및 경제적 안정을 보장받을 수 없는 시기에 "평범하게 살아도 스스로 만족하는 삶을 살고 싶다"라는 '가성비'적인 생각을 엿볼 수 있다.

바꾸어 생각해보면, 직장에서 그들이 원하는 우선순위 중 하나인 안정감을 해결해주는 기업과 조직이라면 유능한 인재를 끌어들이고 유지할 수 있다. 이들은 더 비싸고 좋은 자동차, 큰 집을 소유하고자 하는 과거 세대보다 기대를 많이 낮춘 세대이다. 밀레니얼 세대가 추구하는 '가성비'적 관점에서 조직 내 처우 개선에 접근한다면 그 만족도는 어느 세대보다 높을 것이다.

밀레니얼은 어떤 직장을 원하는가

Part
2

How

밀레니얼은 어떻게 일하는가

수평 조직이 정답일까

'님'에 점 하나 붙이면 '남'이죠

신입사원 교육 겸 워크숍에 참여한 해외 유학파 출신 이민지 씨. 좋은 스펙 덕에 여러 곳에서 러브콜을 받았지만, 특별히 이 회사를 선택한 이유 중 하나는 수평적 문화 때문이다. 대표를 포함하여 전 직원이 서로를 닉네임으로 부르는 회사라면 신입이라도 자신의 기량을 마음껏 펼칠 수 있을 것 같았다. 워크숍에서는 전 직원과 자유로운 분위기 속에서 회사의 비전과 조직 문화를 경험할 수 있다는 생각에 이날만을 손꼽아 기다렸다.

신입사원들을 대상으로 하는 오리엔테이션을 마치고, 회사에 대해 궁금한 점들을 대표에게 직접 물어볼 수 있는 시간이 되었다. 민지 씨는 산업의 흐름과 회사의 비전에 대해 궁금한 점이 있어서 자신의 차례가 오기를 기다렸다. "루피(대표이사 별명), 질문 있어요!" 그녀의 입에서 말이 떨어지자마자 삽시간에 분위기가 가라앉았다. 인사팀장의 따가운 눈초리를 느낀 그녀는 그제야 이 회사에서 대표이사를 포함한 경영진의 별명은 보여주기용이라는 것을 알게 되었다.

수평 조직이 능사는 아니다

최근 몇 년간 조직 문화에 대한 화두로 '수평적 조직'이 떠올랐다. 스타트업을 시작으로 다수의 기업이 직급을 없애고 이름에 '님'자를 붙이거나 영어 이름 또는 별명을 사용하기 시작했다. 위계의 상징인 직급에 대한 호칭을 탈피한 것이 조직 내 변화의 시작이라는 점은 긍정적이다.

1990년대생 및 밀레니얼에 대한 여러 자료에서는 수평적 조직을 지향해야 한다고 하는데, 과연 이것이 능사일까? 직급을 파괴한다고 해서, 무작정 '수평적' 문화를 도입한다고 해서 밀레니얼 세대가 일하고 싶은 매력적인 회사가 되는 것일까? 수평적 조직에 대한 조건은 크게 두 가지로 나뉜다. 바로 책임과 권한에 따른 의사결정 프로세스와 의사소통 방식이다.

위계 조직과 역할 조직 바로 알기

한국형, 일본형 기업이 전형적인 위계 조직이다. 윗사람이 의사결정을 하며, 그 결정에 대한 책임도 함께 진다. 업무 중에 직원 간 분쟁이 발생할 때면 부장, 차장 등 윗사람이 관여하여 중재하기도 한다. 의사결정 권한이 중앙에서 말단으로 분산되는 형태이기 때문에 빠르게 의사결정이 진행되며, 직원들은 배분된 업무에 맞게 효율적으로 작업을 수행한다.

위계 조직의 특징을 가장 잘 반영하는 분야가 제조업이다. 제조업에서는 위에서 결정되어 주어진 일, 즉 '우리 일'을 시간 안에 완벽하게 수행하는 것이 꼭 필요한 덕목이며, 팀 전체의 조화가 가장 중요하다.

평소 사회생활의 미덕이라고 여기는 '내 업무가 끝나도 팀원들의 일이 남아 있으면 도와주기', '월급의 120퍼센트 일하기'와 같은 생각들이 위계 조직 문화에서 나왔다. 이를 반대로 이야기하면 소수의 상위 의사결정권자들에 의해서 조직의 능률이 좌우되기 때문에 윗사람의 능력이 가장 중요하다는 점과, '애사심'과 '충성심'의 결여 시 직원들의 동기부여가 어렵다는 점이 문제가 될 수 있다. '개인의 역량과 성장'에 초점을 둔 밀레니얼 세대가 위계 조직에 상대적으로 매력을 덜 느낄 수밖에 없는 이유도 회사에 대한 '애사심'이 개인의 성과 보수와 직접적으로 연관되지 않기 때문이다.

반면에 실리콘밸리형 문화를 대표하는 역할 조직의 경우 직원 개개인에게 의사결정권을 준다. 호칭도 직급이 아니라 담당하고 있는 업무를 나타낸다는 특징이 있다. 경영진부터 갓 입사한 신입사원까지 각 구성원이 자신이 맡은 역할에 관해 결정을 하기 때문에 변화에 빠르게 대응할 수 있다는 것이 장점이다. 프로젝트 성공 시 개인의 기여도에 따라서 인센티브를 주며, 자기주도적으로 업무를 진행하기 때문에 오롯이 본인의 성공 포트폴리오로 가져갈 수 있다. 다만 개개인이 잘못된 의사결정을 하게되는 경우, 조직의 미래는 산으로 가게 되므로 회사의 미션과 핵심 가치 등을 명확히 해야 하며, 창의성과 전문성을 갖춘 인재를 수혈하고 관리하기 위해서 끊임없이 고민하고 비용을 투자해야한다.

그럼 우리는 어디로 가야 하는 걸까

과거 산업사회에서는 교육을 통해 주어진 일을 정확하고 효율적으로 빨리할 수 있는 사람을 키웠다면, 지식사회로 들어선 지금은 창의적이고 혁신적인 전문 인력을 배출시키는 데 그 목적이 있다. 시대에 따라서 교육의 목적도 변하고 사람들의 전체적인 성향 또한 변하기 때문에 조직도 기존의 관습에서 벗어나 서서히 바뀔 수 있도록 고민해야 하는 시점이다.

우선되어야 할 것은 우리 회사가 어떤 조직인지 파악하는 일이다. 산업 분야의 특성상 납품 기일과 정확도가 중요하다면 이에 유리한 위계 조직을 유지해야 하고, 차세대 먹거리를 개발하고 혁신을 이끌고자 한다면 역할 조직에 맞춰가는 것이 좋다. 사실, 위계 조직의 대표 주자 중 하나가 바로 '애플'이었다. 창의적이고 혁신적인 리더 스티브 잡스Steve Jobs로 인해 애플이라는 기업과 브랜드가 혁신의 대표 주자가 될 수 있었다.

＊ 상부가 산업에 대한 다양한 지식을 기반으로 결정한 사
    항이 하부의 결정보다 무조건 현명할 때 예) 애플
＊ 경험과 비결이 쌓일수록 유리해지고, 어느 정도의 추진력

조직 문화에 대해서 어떤 것이 더 우월하다고 논할 수는 없다. 하지만 어떤 것이 우리 조직에 더 적합한가를 끊임없이 고민하고, 구성원의 능률 증대를 위한 실험을 게을리해서는 안 된다. 위 특성을 고려했을 때, 몸집이 큰 대기업이나 중견기업이 단번에 바뀌기보다는 소수의 인원으로 단순한 비즈니스 모델로 시작하는 스타트업과 같이 시장의 변화를 민감하게 읽고 혁신을 이끌어야 하는 기업에서 역할 조직을 도입하는 것이 비교적 적합할 듯하다.

인재 전쟁은 이미 시작되었다

전현직자가 익명으로 기업의 평판을 남기는 기업 정보 서비스 잡 플래닛은 취업 준비생들과 이직을 준비하는 직장인들에게 '나침반'으로 자리 잡았다. 회사에 재직 중인 사람들의 기업에 대한 생생한 이야기와 면접 질문 등 기업의 인상을 익명으로 남기기 때문에 솔직하고 때로는 무자비하기까지 하다. 유저들이 직접 매기는 평점이 낮은 경우 '믿고 거른다'는 여론까지 조성된다. 이러한 기업들을 두고 비전이 없거나 사람을 '갈아 넣는다'고 표현하기도 한다.

인터넷과 모바일의 발전은 역량 있는 인재들이 기업 조직 문화에 대한 정보를 쉽게 열람하고 선택하는 것을 가능하게 했다. 지식정보화 시대에 고학력을 갖춘 인력들이 시장에 대거 포진하면서 제조업 기반의 위계질서로만 유지되던 단순한 기업 형태는 그 빛을 점차 잃어가고 있다. 시대가 변했고, 인재들의 유형도 변했다. 따라서 역할 조직과 같은 새로운 의사결정 모델의 도입은 언젠가 필요하다는 점을 직시해야 한다.

최근 대기업의 경우 혁신적인 스타트업의 조직 구조를 배우기 위해 발품도 아끼지 않는다. '배달의민족'의 경우 매주 견학 프로그램을 운영하고 있는데, 이미 올해 말까지 예약이 가득 찼다고 한다. SK는 전 직원의 직급을 없애고 수평적인 문화를 도입하기 위한 정책들을 발표하기도 했다. 기존의 위계 조직에서 서서히 벗어나고자 하는 변화의 바람이 불기 시작한 것이다.

밀레니얼 세대의 신조어 중에서 '사바사'라는 것이 있다. '사람 바이 사람', 즉 무엇이든 사람마다 다르다는 의미이다. 밀레니얼들은 자신들의 특성을 규정하는 것을 썩 달가워하지 않는다.

개인의 책임과 권한이 분명하고 커리어를 능동적으로 개척하고자 하는 사람도 있고, 일을 스스로 만들기보다는 주어진 일을 빠르고 완벽하게 처리함으로써 보람을 느끼는 사람도 있다. 각종 기사나 책에서 밀레니얼 세대가 역할 조직을 선호하고 지향한다고 하여 모두가 그렇지는 않다는 것이다. 우리 회사가 추구하고자 하는 방향과 문화를 객관적으로 살피는 눈이 없다면 대표님, 전무님, 부장님의 직급 대신 이름에 '님'자를 붙여 부르는 것 자체가 서로 껄끄러운 상황들만 생길 테니 말이다.

비즈니스에 혁신을 가져온 기업 미션

미션과 비전은 그저 '좋은 말씀'에 불과할까

기업에 재직 중인 구성원들도 회사의 미션과 비전이 무엇을 뜻하는지 모르는 경우가 대다수이다. 그저 대표이사를 포함한 경영진의 '좋은 말씀'쯤으로 여긴다. 브랜드의 관점에서 기업을 바라보는 시각의 부재와 그럴듯한 홈페이지 내 회사 꾸밈말 정도로 뒷순위로 밀려난 인식 때문이다. '도전'을 미션으로 기재한 회사의 속내를 들여다보면 굉장히 보수적인 경우가 상당히 많다.

미션과 비전이란 우리 회사가 이 산업에 존재해야 하는 이유이며, 구성원들이 회사와 함께 이 산업에서 성장할 수 있는지를 상징한다. 회사 자체의 미션과 비전이 명확할 때 조직원들은 우리 회사가 무엇을 하는 회사인지 상기할 수 있고, 의사결정 과정 중 의견이 분분해졌을 때 그 기준점이 되어준다. 결국 미션과 비전이란 "기업의 조직원들이 의사결정 시 무엇을 최우선으로 두는가"인 것이다.

회사의 존재 이유가 명확해야 하는 스타트업의 경우, 이러한 미션과 비전 설정에 상당한 노력을 기울인다. 그들이 제공하는 서비스가 시장에 존재해야 하는 이유를 드러내기 때문이다. 또한 대기업과 비교했을 때 물질적 보상이나 복지 혜택에서 다소 밀릴 수 있지만, 회사의 비전을 통해 각 구성원이 '일'로써 어떠한 성취를 이루어낼 수 있는지 보여주고자 한다.

기성세대는 일의 의미와 가치에 대해서 회사에 묻지 않았다. 지시에 따라 일사불란하게 일을 처리할 뿐이다. 결정 권한은 경영진이 가지고 있으며, 위계에 따라서 내려온 업무를 진행하기 때문에 미션, 비전, 핵심 가치는 크게 중요하지 않았다.

기업의 미션은 혁신을 가져온다

2006년 스웨덴에서 시작한 스포티파이Spotify는 2019년 5월 현재 사용자가 2억 1,700만 명 이상이며, 유료 결제 회원인 프리미엄 사용자는 1억 명에 달하는 세계 최대 규모의 음악 스트리밍 서비스이다. 지난 2018년 뉴욕 증시에 상장하자마자 기업 가치가 30조 원에 이르렀을 정도로 음악 산업에서 중요한 역할을 하는 기업이기도 하다. 미국의 직장 평가 사이트 글래스도어Glassdoor에서 페이스북, 구글과 어깨를 나란히 할 정도로 좋은 기업으로 평가받고 있다.

스포티파이가 직원들에게 긍정적인 평가를 받는 이유는 그들의 애자일agile한 조직 문화에서도 확인할 수 있지만, 그들이 정의한 기업의 미션과 핵심 가치에서도 엿볼 수 있다.

스포티파이의 미션과 비전, 핵심 가치[1]

Mission To unlock the potential of human creativity by giving a million creative artists the opportunity to live off their art and billions of fans the opportunity to enjoy and be inspired by these creators.

미션: 백만 명의 예술가가 자신들의 예술과 수십억의 팬들에게 창작자들이 즐기고 영감을 받을 수 있는 기회를 제공함으로써 인간의 창의성의 잠재력을 여는 것

Vision We envision a cultural platform where professional creators can break free of their medium's constraints and where everyone can enjoy an immersive artistic experience that enables us to empathize with each other and to feel part of a greater whole.

밀레니얼은 어떻게 일하는가

비전: 우리는 전문 제작자가 자기 매체의 제약에서 벗어날 수 있고 모든 사람이 서로 공감하며 더 큰 전체의 일부를 느낄 수 있는 몰입형 예술 경험을 즐기는 문화적 플랫폼을 구상한다.

Core Value Passionate, innovative, sincere, collaborative, and playful.
핵심 가치: 열정, 혁신, 성실, 협업 및 장난

스포티파이는 단순한 음악 스트리밍 서비스가 아니라 '인간의 창의성의 잠재력을 여는' 비즈니스를 하고자 하며, 이들이 추구하는 가치는 서비스에서도 고스란히 드러난다. 유저 개개인에게 맞춘 고도화된 플레이 리스트를 제공하는 것은 물론, 더 나아가 비욘세가 출시한 화장품을 스포티파이에서 구매하도록 사업 분야를 확장할 계획이다.[2] 이러한 서비스 덕분에 개인의 취향과 다양성을 존중하는 밀레니얼 세대에게 큰 인기를 끌고 있다. 스포티파이의 미션, 비전 그리고 핵심 가치가 평범한 스트리밍 서비스들과 유사했더라면 과연 조직원들이 이러한 기획을 비즈니스로 확장할 수 있었을까.

미래가 기대되는 회사가 답이다

커리어의 성장과 개인의 성취에 관심이 많은 밀레니얼 인재의 경우, 미션과 비전이 명확할수록 회사와 일에 대한 매력을 느끼는 경향이 있다. 밀레니얼 세대가 조직에 애사심이 없는 세대라고 쉽게 이야기하지만, 그 전에 우리 회사가 그들에게 '월급 제때 주는 것' 외에 어떤 미션과 비전, 핵심 가치를 보여주었는지 생각해볼 필요가 있다. 직원들이 회사에 '돈을 벌러 오기'를 바라는지, 기업의 존재 이유를 '함께 완수해나가기'를 바라는지 선택해야 한다. 만약 후자라면, 서로의 능력을 주고받으면서 어떤 핵심 가치를 가지고 미션을 수행하면서 비전을 완수할 것인지 기업의 근간을 명확히 하고, 이를 조직원들이 소화할 수 있도록 노력해야 한다.

직원이 회사의 미래에 대해서 가장 많이 공부하는 시기가 바로 입사 전 지원서에 '지원 동기와 포부'를 작성할 때이다. 홈페이지에 적힌 비전과 미션을 보며 이 회사에서 같은 곳을 바라보며 성장할 수 있을 것이라는 꿈을 꾸기도 한다. 문제는 막상 입사하고 나면 그 문구들이 그저 좋은 말씀이었을 뿐이라는 것을 깨닫게 된다는 점이다. 흔히 회사를 고르는 것을 '배우자를 고른다'

밀레니얼은 어떻게 일하는가

는 것에 비유하기도 한다. 가족들보다 더 많은 시간을 함께 보내고, 부딪히는 곳인 만큼 모두가 같은 곳을 바라볼 수 있어야 애정이 생기지 않겠는가.

화성에서 온 위계형 인재,
금성에서 온 역할형 인재

회사 안에서만 사회성 있는 인재 찾나요

채용 시즌이 다가오자 인사를 담당하고 있는 윤 부장이 인사팀에
다음과 같은 지시를 했다.

> "이번 신입사원들은 사내 분위기를 확 띄울 수 있는, 사회
> 성도 좋고 젊음도 딱 불어넣어줄 수 있는 그런 친구들 위
> 주로 올려요."

수많은 지원자들 가운데 윤 부장이 원하던 이른바 '인싸'가 있
어 임원 면접에 올렸다. 요건도 훌륭하고, 열정도 있으며, 무엇보

다 각종 사교 모임을 비롯하여 취미 동아리까지 적극적인 지원자였다. 그런데 면접이 끝나고 인사팀이 한자리에 모인 곳에서 윤 부장이 말했다.

"그 친구 괜찮기는 한데, 왠지 모임 간다고 잔업도 안 하고
당직도 안 선다고 할 것 같은데, 여러분 생각은 어떤가요?"

안노말 작가의 『좋은 아침 같은 소리 하고 있네』에 소개된 직장 에피소드를 요약한 내용이다. '화려하면서도 모던한' 디자인을 추구하는 듯 사회성 있는 '인싸' 인재를 원하지만, 회사 안에서 '만' 활력소 같은 존재가 되기를 바라는 모순적인 윤 부장의 태도가 씁쓸함을 자아낸다. 규모가 작은 회사나 성장하는 조직의 경우, 기업에서 필요로 하는 인재가 어떤 사람인지 고민하기 전에 "요즘 이런 타입의 젊은 친구들이 좋다더라" 또는 인사 담당자 개인의 취향이 앞서기도 한다.

이상형 아니고 인재상이다

기업이 어떠한 조직을 지향하는지, 추구하는 미션과 비전, 핵심 가치가 무엇인지를 정립했다면, 이를 바탕으로 우리에게 필요한 인재가 어떠한 사람인지 인재상을 명확하게 정립해야 한다. 각 기업의 채용 사이트에서 인재상을 살펴보면 공통적인 사항을 확인할 수 있는데, 다들 원하는 인재상이 어쩌면 이렇게 똑같은지 놀라울 따름이다. 다음은 한 국내 방송사에서 꼽은 '100대 기업이 원하는 인재상 9가지'이다.

	100대 기업이 원하는 인재상 TOP 9[3]		
1위	소통 및 협력	6위	창의성
2위	전문성	7위	열정
3위	원칙과 신뢰	8위	글로벌
4위	도전 정신	9위	실행력
5위	주인 의식		

좋은 학교, 글로벌한 스펙에 전문성과 더불어 소통 능력과 협상력까지 두루 갖춘 사람은 어떤 회사라도 탐낼 만한 재목이다.

말 그대로 이상형이다. 지금의 밀레니얼 세대는 이 항목에서 대부분 해당할 것이다. 그렇다면 이러한 인재가 우리 조직에 남아 있지 않는 이유는 무엇일까. 인사 개발에 상당한 인력과 비용을 투자하는 대기업이 아닌 대다수 중소기업의 경우, 어떤 타입이 우리 조직에서 잘 적응해 함께 성장할 수 있는지 제대로 정립하기 어려운 실정이다. 뛰어난 인재를 뽑고 관리하기 위해서는 무엇을 고민해야 할까.

화성에서 온 위계형 인재 vs 금성에서 온 역할형 인재

시키는 일을 잘하는 사람과 자기 주도적으로 의사결정을 하면서 일을 잘하는 사람은 다르다. 똑같이 '잘'하더라도 조직 내에서 어떻게 일을 하는지 극명하게 차이가 나기 때문이다. 만약 시키는 일만 잘하는 사람이 역할 조직에 있거나, 반대로 매번 질문하고 본인이 의사결정을 하는 사람이 위계 조직에 있다면 과연 잡음 없이 업무를 잘 수행해낼 수 있을까? 위계 조직과 역할 조직 중 어떠한 조직 문화가 우수하다고 이야기할 수는 없다. 밀레니얼 세대도 마찬가지로 본인에게 맞는 조직 유형에 따라서 에이스 인재가 되거나 최악의 팀원이 되기도 한다.

위계 조직에서는 위에서 내려온 일을 빠르게 이해하고 효율적으로 해내는 사람이 에이스이다. 대기업에서 학벌과 성적을 보는 이유는, 학업에 충실한 사람의 경우 대개 주어진 일을 성실하게 처리하는 경향이 있기 때문이다. 일을 시키기 수월해야 하므로 윗사람보다 능력과 경험이 좋은 아랫사람을 둘 수가 없다. 대다수의 기업이 최근까지 신입사원의 나이를 중요하게 생각했던 것도 이러한 이유 때문이다. 위계 조직에서 소통이란 '윗사람이 하는 말을 단번에 잘 알아듣고 처리하는 능력'을 말한다.

반면에 국내 스타트업이나 실리콘밸리와 같은 역할 조직에서는 개개인이 의사결정권자이다. 누가 시키지 않더라도 창의성을 바탕으로 조직원들과 끊임없이 소통하며 미션을 완수해나가야 일을 잘한다는 말을 듣는다. 잘못된 결정으로 인하여 생길 수 있는 위험을 최소화하기 위해서 끊임없이 질문하고 피드백을 한다. 학업과 요건이 아니라 해당 분야에서 전문성을 갖춘, 그야말로 정말로 '뛰어난 인재'여야 조직이 유지된다. 주변에 해외 취업을 한 사람이 있다면, 흔히 들을 수 있는 이야기 중 하나가 스카이프로 면접을 수없이 많이 보았으며, 최종 합격까지 두 달 이상 소요되었다는 경험담일 것이다.

밀레니얼은 어떻게 일하는가

역할 조직은 잘못 뽑은 한 사람의 결정이 회사에 큰 타격을 줄 수 있기 때문에 많은 시간과 인력을 투입해서라도 제대로 된 인력을 채용하기 위해서 노력한다. 역할 조직에서 소통이란 '질문하고 설득하는 과정'이자 '협력하는 다른 전문가들의 의견을 수용하는 능력'을 뜻한다.

위계형 인재가 역할 조직에 들어가게 된다면 방향을 잃을 것이고, 역할형 인재가 위계 조직에 들어가게 된다면 흥미를 잃고 좌절할 것이다. 밀레니얼 세대는 모두 저마다 다른 재능과 성향을 가지고 있다. 그들의 입장에서 자신의 역량을 최대한 발휘할 수 있는 조직은 다르기 마련이다. 현재 우리 조직에서 필요한 인재가 과연 어떤 모습에 가까운지 살펴보자. 다만 시대가 변함에 따라서 다수가 지향하는 조직의 모습도 변화하기 때문에 미션, 핵심 가치, 비전을 바탕으로 우리 조직이 어떤 지향점을 가지고자 하는지 고민하고 대비해야 할 것이다.

군더더기 없는 조직의 룰이 필요하다

일단 알려주고 혼을 냅시다

이찬희 대리는 요즘 고민이 많다. 새로 입사한 후임이 밀레니얼 세대답게 비즈니스 예절은 물론이고 팀장님 앞에서도 눈치가 없고, 자기주장을 강하게 어필하는 탓에 조율하기가 쉽지 않기 때문이다. 비교적 자유로운 분위기의 회사이기 때문에 대놓고 뭐라고 하는 사람은 없지만, 혹시 외부 관계자와 함께 있는 자리에서 그의 태도가 회사에 대해 좋지 않은 인상을 줄까 봐 염려가 되기도 한다.

이찬희 대리가 연차로 자리를 비운 어느 날, 우려하던 외부 관계자 미팅에 후임 김유정 씨가 참석하게 되었다. 다음 날, 미팅에 함께 참여했던 진 대리의 말에 이찬희 대리는 등골이 서늘해졌다. 김유정 씨가 미팅 자리에서 상대방의 명함을 만지작거렸다는 것이다. 또한 그날따라 스포츠웨어를 입고 손님을 맞이하는 바람에 함께한 팀원이 상대방의 눈치가 보일 정도였다고 했다. 고민 끝에 이찬희 대리는 근처 옷가게를 찾아 단정한 셔츠를 구매한 다음, 김유정 씨를 조용히 불러 손님맞이 예절에 대해서 조언했다. 그리고 "저희 팀 특성상 앞으로 미팅이 많을 테니 사무실에 두고 입으세요"라며 조심스럽게 옷을 선물했다.

눈치 없고 버릇없는 신입이라고만 생각했던 김유정 씨는 이찬희 대리의 진심 어린 조언과 선물에 감사를 표했으며, 이후 미팅 때마다 이찬희 대리의 말을 실천하고 있다. 단순히 책임감과 버릇이 없다고 생각했던 후임에 대한 편견은 정말 '편견일 뿐'이었다는 것을 알게 되었다.

비즈니스 매너에도 적응할 시간이 필요하다

"요즘 애들은 버릇이 없다"라는 말은 1990년생을 주제로 한 강연이나 책에서 많이 듣거나 보았을 것이다. 밀레니얼 세대가 본격적으로 사회에 진출하면서 보수적인 조직 내에서도 남다른 행보를 보여 윗세대들을 혼란스럽게 하기 때문이다. '밀레니얼 세대 직원에 대한 인식'이라는 주제로 직장인들이 평가하는 밀레니얼 직원들의 점수를 조사했는데, 10점 만점에 5.7점이라고 잡코리아와 알바몬이 밝혔다.[4]

'이건 상식이지'를 넘어선 '상식 밖'의 모습에 어디서부터 어떻게 가르쳐야 할지 막막하기도 하다. 암묵적으로 직장인의 미덕이라고 여겼던 '정시 전에 출근하기'라든가 '회의록 작성법' 등에 대해서 하나하나 지적하다 보면 '그들에게 불합리하다고 여기는 부분'에 대하여 민감하게 반응하는 모습을 보이기 때문이다. 사실, 온라인을 통해 모르는 사람들과 어려서부터 협업하는 연습을 해왔던 밀레니얼 세대는 서로 존중하며 일하는 방법에 대해서 항상 고민한다. 고학력, 외국어 능력, 기가 막힌 IT 활용 능력을 갖추고도 동시에 기존 질서에 '저항'하는 그들. 오히려 그들에게 필요한 것은 비즈니스 예절에 적응할 기회와 시간임을 생각해야 할 때이다.

온라인 클래스 플랫폼 '클래스101'은 이러한 고민을 신입사원 안내서인 '클원호 탑승 안내서'에 담았다. 일반적으로 신입에게 주어지는 가이드북에서는 업무에 필요한 정보를 간략하게 제공하기 마련인데, 클래스101이 인상적이었던 이유는 업무 환경을 세팅하고, 실무를 진행하는 과정에서 필요한 정보뿐만 아니라 이메일 작성하기, 명함 주고받기, 손님 응대와 같은 기본적인 '비즈니스 매너'까지 소개했기 때문이다. [5)]

상대방의 명함을 받았을 때 보여주는 사소한 행동 하나가 회사의 이미지를 결정지을 수 있다. 하지만 신입사원이 손님을 맞이하는 자세나 명함을 주고받는 법에 대해서 숙지하고 있는 경우는 거의 없다. 또한 인상적이었던 부분은, 손님이 찾아왔을 때 맞이하는 방법을 소개한 내용이었다. 자신의 손님을 응대할 때뿐만 아니라 다른 직원의 손님을 맞이할 때의 방법까지 예시를 들어 잘 설명되어 있었다.

회사에서 사수가 이러한 상황이 생길 때마다 하나하나 알려주는 방법도 있겠지만, 신입사원이 미리 인지하고 상황을 마주했을 때와는 확연히 다르지 않을까. 직원 대부분이 20대 중후반인 밀레니얼 세대로 이루어져 있다는 클래스101이 신입사원 가이드북을 만들면서 얼마나 많이 고민했는지 짐작해볼 수 있다.

스타트업에서 일 잘하는 방법을 만드는 이유

배달의민족 서비스를 운영하는 우아한형제들의 사무실에 '송파구에서 일을 더 잘하는 방법 11가지'가 붙어 있다는 사실은 조직 문화에 관심 있는 사람이라면 대부분 알고 있을 것이다. 수평적인 조직 문화라고 여기는 스타트업에서 일 잘하는 방법을 정의하다니 의아해하기도 한다. 특히 1번인 "9시 1분은 9시가 아니다"라는 문구를 보고 혼란스러워한다.

'우아한형제들은 꼰대 회사인가?', '도대체 밀레니얼 세대는 왜 배달의민족에 열광하는 거지?'

의사결정 구조의 시각에서 수평 문화가 위계보다는 구성원 개개인의 역할을 중시하는 역할 조직을 의미한다면, 조직 협업의 관점에서는 '합리적인 원칙과 규율'을 나타낸다. 밀레니얼 세대가 '재미'를 추구한다고 해서 일터를 무조건 즐거운 분위기로 만들어야 혁신을 가져올 수 있다고 생각하는 것은 큰 오해이다.

하버드 대학교 경영대학원의 게리 피사노Gary Pisano 교수는 "위계가 없다는 것이 리더십 부족을 의미하지 않으며, 수평적 조직일수록 강력한 리더십이 필수이다"라고 말했다. 또한 "기업의 규모가 커질수록 초기 스타트업과 다르게 규율을 강조해야 한

119

다"라는 내용의 연구 결과를 발표하기도 했다. 원칙과 규율은 상사의 편의를 위해 '시키지 않아도 해야 하는 일'을 정의해둔 것이 아니라 '어떻게 하면 일을 잘할 수 있을까', '시간을 잘 사용할 수 있을까'에서 시작해야 한다.

급성장한 해외 유니콘 기업들은 기업 문화와 더불어 어떻게 하면 일을 잘하는 것인지를 정리해 문서로 만들었다. 그중 하나가 '넷플릭스 문화: 자유와 책임Netflix Culture: Freedom & Responsibility'이라는 문서로, 세계 최대 스트리밍 플랫폼 넷플릭스의 사내 문화를 정리한 것이다. 이 문서가 공개되었을 때 스타트업계는 넷플릭스의 성공 배경이 이러한 문화에 영향을 받았을 것이라고 평가하기도 했다.

이 문서를 통해 넷플릭스는 자유와 책임 중심의 일하는 방식을 정착시키기 위해서 오직 일에만 집중하는 환경을 조성하고, 필요하지 않은 정책은 모두 제거했다는 점을 알 수 있다. 물론 이 문화의 전제 조건은 빠르게 성장하는 회사이며, 인재에 대한 높은 신뢰를 기반으로 한다는 것이다. 따라서 국내 기업이 벤치마킹하기에는 어려운 점이 많다. 규율과 원칙에 대해서 명확한 답이 있는 것은 아니지만 '효율성'과 '성과 극대화'에 기반하고 있으며, 기업 문화와 더불어 어떻게 일하는 것이 잘하는 것인지 정리함으로써 조직원들이 같은 방식으로 소통할 수 있다는 것이 장점이다. 나아가 이러한 정의는 우리 기업이 어떤 합의로 일을 하는지 외부적으로 보여줄 수 있다는 장점 또한 가지고 있다.

애플의 혁신을 이끈 스티브 잡스는 자기 책임을 다하지 못하는 직원을 가차 없이 해고했고, 아마존의 제프 베조스Jeff Bezos는 직원들을 가혹할 정도로 몰아붙여 악명이 높다. 구글은 현재 보직에서 탁월한 성과를 내지 못하면 직무를 바꾸는 엄격한 성과관리 시스템을 운영하고 있다. 실패는 용인하지만 무능력까지 용인하지는 않는 실리콘밸리의 기업들은 창의적 문화에 규율을 더해야 혁신을 완성할 수 있다고 믿는다. 과연 우리 조직은 어떠한 원칙을 우선순위로 두고 있는 것인가.

'답정너'는 통하지 않는다

회의를 모여서 할 필요가 있나요

중견 식품업체에서 신사업 기획부서를 이끄는 정동윤 부장은 회의실에서 치열하게 의견을 교류했던 과거와 지금이 비교되어 한편으로 씁쓸한 생각이 든다. 밀레니얼 세대를 타깃으로 새로운 제품 기획을 준비하면서 회사 내 막내들이 주도적으로 미팅을 이끌다 보니 오프라인 회의가 비효율적이라는 의견에 따라 시범적으로 업무용 메신저로 회의를 하기 때문이다.

젊은 친구들이야 익숙한 듯 보여도 여전히 온라인보다는 면대면을 선호하는 정 부장은 온라인으로 이루어지는 회의가 좀처럼 적응이 되지 않는다. 의견이 제대로 교환되고 있는지 염려스럽고, 표정이나 말투에서 드러나는 비언어적인 요소들도 볼 수 없어 의견 합의가 이루어져도 정말 팀원들이 동의하는 것인지 의문스럽다. 한번 맡겨두기로 결정했으니 참견하지 않으려고 하는데, 앞으로도 이렇게 진행해야 하는지 걱정이다.

밀레니얼 세대가 소통 공포증이라고요

밀레니얼 세대는 디지털 네이티브 세대로, 그 어떤 세대보다 인터넷 환경에 익숙하고 대면보다는 온라인과 모바일 커뮤니케이션을 활발하게 이용한다. 이러한 이유로 밀레니얼 세대가 디지털 소통이 원활하지 않은 조직에 들어가게 되면 업무의 집중도가 떨어질 수 있다는 우려를 표하기도 한다. 지금의 세대는 한 손가락으로 맛있는 음식을 주문해서 먹고, 단문 메시지를 주고받으면서 의견을 교환한다. 물론 대면 의사소통이나 전화에 대한 부담감을 가지고 있어 대체할 방법이 있다면 그를 선택할 것이라고 말하기도 한다.

흔히 밀레니얼 세대를 가리켜 "소통 공포증이 있다"라고 설명한다. '공포증'은 대수롭지 않은 일을 늘 크게 생각하여 두려워하고 고민하며, 불안을 느끼고 자기통제를 하지 못하는 병적 증상을 뜻한다. 신입사원이 첫 업무에서 전화를 주고받기 부담스러워하는 것, 행정반으로 전입한 이등병이 전화벨 소리에 식은땀을 흘리는 것은 밀레니얼 세대에게 소통 공포증이 있어서가 아니라 익숙하지 않을 뿐이다.

직장 내에서 이메일을 보내며 본문에 내용이 없다는 의미의 'ㄴㅁ', 즉 '내용 무無'라고 적어 보내거나 '제목이 곧 내용'이라는 뜻의 'ㅈㄱㄴ'만을 적어 보낸다면, 이를 예의가 없다고 매도하거나 소통 방식이 달라서 그런 것이라고 두둔해서도 안 된다. 메일 내용에 몇 글자 더 적는 것이 불필요하다고 느낀다면 간략하지만 상대방을 배려할 수 있는, 즉 '나'와는 다른 사람들과 협업을 할 때 필요한 소통 방식에 대해서 알려주어야 한다.

시대가 변함에 따라서 소통 방식도 변한다. 지금의 젊은 세대는 모바일 커뮤니케이션으로 즉각적인 소통을 하는 세대이다. 조직도 이러한 변화의 바람에 발맞춰 진화해야 한다. 다만 기존 구성원들의 협업 방식과 원칙이 분명하게 존재한다면, 둘 중 하나의 손을 들어주기보다는 적절하게 접목해 업무가 효율적으로 진행될 수 있도록 유도해야 할 것이다.

요즘 애들의 말, 그저 듣고만 있어야 하나요

강의 플랫폼의 디자인팀 구정수 팀장은 직원들과의 회식 자리에서 있었던 일에 대해서 친목 모임 동생들에게 상담을 요청했다.

30대 초반 이유진 대리가 결혼보다는 동거, 반려인보다는 반려묘와 함께하겠다고 이야기하자 구정수 팀장이 "어차피 같이 살 거라면 고양이보다는 사람이 낫지. 그리고 동거를 할 거면 당연히 결혼하고 혼인신고를 해야 하지 않겠어?"라고 반문한 것이다.

그러자 요즘 말로 '갑분싸', 즉 갑자기 분위기가 싸늘하게 변했고, 하나둘 자신들의 의견을 공격적으로 피력하기 시작했다. 밀레니얼 세대의 막내 직원들은 결혼보다 고양이랑 살 수밖에 없는 사회적 문제점과, 가족 내에서 여성들의 입지가 사회 활동에 얼마나 제약을 주는지에 관해 이야기했다. 순식간에 구정수 팀장은 꼰대가 된 것이다.

구 팀장의 이야기를 들은 후배들은 "요즘 책잡히면 본전도 못 찾는다"라며 "요즘 친구들은 사적으로 간섭하는 걸 제일 싫어하니 앞으로는 그저 듣고만 있어"라고 조언했다.

밀레니얼은 어떻게 일하는가

밀레니얼 세대와 소통이 어려운 이유

우선 윗세대와 아랫세대 간에 '소통'에 대한 정의가 제각각이라는 점을 짚고 넘어가야 한다. 윗세대에게 소통이란 "내가 무슨 이야기를 하든 찰떡같이 알아듣고 호응해주는 것"이다. 모 방송에서 인사 담당자들을 대상으로 조직에서 '소통'에 대한 의미를 묻자, "경청이 아니라 내 말을 잘 이해하고 잘 처리하는 것"이라고 대답했다.

과거 산업화 시대에는 상사가 항상 해결책을 쥐고 있었다. 해답을 제시하고, 부하 직원이 말을 잘 듣게 하고, 통제하는 것이 덕목이었다. 그러나 지식정보화 시대에 들어서면서 지금의 세대는 상호 존중을 기반으로 협력적인 질문형 소통을 하는 리더를 원한다. 이제 해답은 이를 빠르게 받아들이는 후배 세대에게 있다. "가족 같아서 하는 이야기인데……", "내 동생 같아서 그러는데……"와 같은 조언은 가족만으로도 이미 충분하다. 오히려 질문하고 답을 구하는 것이 그들과 소통하는 가장 빠른 길이다.

요즘 말로 '답정너'라는 단어가 있다. '답은 정해져 있으니 너는 대답만 하면 돼'라는 의미이다. 이미 정해진 답을 앵무새처럼 말하는 답정너를 밀레니얼 시대는 질색한다. 상사, 즉 기성세대와 요즘 세대가 소통하기 힘들어하는 이유는 무슨 이야길 꺼내도 상사의 답은 '정해져' 있기 때문이다. '리버스 멘토링reverse mentoring'과 같이 신세대를 멘토로 두고 배우는 프로그램들을 운영하는 기업들이 생겨났지만, 실상은 소통이 아닌 불통으로 인해 점차 밀레니얼 세대들이 입을 닫고 있다. 기업 내에서 밀레니얼 세대와 대화하기가 어렵다면 아래와 같은 원칙을 가지고 접근하는 방법을 권한다.[6]

1) 내가 답을 주어야 한다는 강박 버리기
2) 내 생각이 진리라는 생각 버리기
3) 가르쳐주어야 한다는 강박 버리기
4) 공감을 적극적으로 표현하기
5) 빠르고 친절하게 피드백하기

밀레니얼과 소통 시 해야 할 것 vs 하지 말아야 할 것	
해야 할 것	하지 말아야 할 것
그들의 이야기를 경청하고 질문에 답변한다.	가혹하고 무례한 비판을 한다.
맡은 업무와 역할의 큰 그림과 초래될 결과를 설명한다.	교육 수준과 기여도를 무시한다.
격식보다는 융통성을 갖춘다.	무례하고 무시하는 투로 대한다.
새로운 아이디어와 변화에 마음을 연다.	개인 생활로 업무 능력을 판단한다.
	나이가 어리다고 자신감이 없다고 생각한다.

방시혁과 이효리에게서 배우는 밀레니얼 소통 방식

빅히트엔터테인먼트의 방시혁 대표가 2019년 2월 모교인 서울 대학교에서 한 축사祝辭가 큰 화제를 낳은 적이 있다. 한국의 비틀스라는 별칭까지 붙은 BTS를 키운 장본인이자 현재 엔터테인먼트 트렌드를 이끈다고 해도 과언이 아니기 때문에 주목받는 것은 당연할 수 있다.

그의 축사가 사람들 사이에서 쟁점이 된 것은 유명한 사람이라면 모두가 똑같이 이야기하는 레퍼토리, 즉 '열정, 희망, 성공'을 뻔하지 않게 말하며 밀레니얼 세대에게 큰 울림을 주었기 때문이다. 달걀로 바위를 치고, 맨땅에 헤딩하며 "젊은이들이여 꿈을 향해 달려가라"류의 이야기는 요즘 세대라면 지겨워하기 마련이다.

그런데 방시혁 대표는 오히려 "나는 꿈도 열정도 없었다"로 축사를 시작했다.

- 학과도 어떤 열정도 꿈도 없었던 것 같습니다. 그냥 다른 사람들이 만들어놓은 목표와 성공의 요건에 별 자의식 없이 흔들렸던 것 같습니다
- 구체적인 꿈 자체가 없었습니다. 그러다 보니 매번 그때

그때 하고 싶은 일에 따라 선택했던 것 같습니다.

- 종일 학업과 업무에 시달리던 고단한 몸을 따뜻한 물로 샤워하고 뽀송뽀송한 이불 속에 들어갈 때 행복하지 않나요? 맛있는 음식을 먹을 때도 마찬가지일 겁니다. 이렇게 '감정적으로' 행복한 것들도 있지만, '이성적으로' 인식하는 행복한 상황도 있을 겁니다. 어떠한 상황에서 행복을 느끼려면 여러분 스스로가 어떨 때 행복한지 먼저 정의를 내려보고, 그러한 상황과 상태에 여러분을 놓을 수 있도록 부단히 노력하셔야 합니다.

- 저는 앞으로도 꿈 없이 살 겁니다. 알지 못하는 미래를 구체화하기 위해서 시간을 쓸 바에야 지금 주어진 납득할 수 없는 문제를 개선해나가겠습니다.

-방시혁 대표의 '서울대 축사' 중에서[7]

과거 JTBC 방송에서 이효리 씨가 거리에서 만난 초등학생에게 전한 이야기가 지금까지도 밀레니얼 세대들이 활동하는 커뮤니티 사이에서 회자되고 있다. JTBC의 〈한끼줍쇼〉에 출연한 이효리 씨는 하교 중인 한 초등학생 여자아이와 마주쳤다. 아이는 이효리 씨를 보고 "〈효리네 민박〉에서 봤어요"라며 반가워했고,

밀레니얼은 어떻게 일하는가

그 모습을 보던 강호동 씨는 아이에게 "어떤 사람이 될 거예요?"라고 물었다. 그 말에 이경규 씨는 "훌륭한 사람이 돼야지"라고 대신 대답했다. 여기까지였다면 윗세대가 아랫세대에게 하는 뻔한 이야기에 그쳤을 것이다. 그런데 이어지는 이효리 씨의 대답이 사람들의 이목을 집중시켰다.

"뭘 훌륭한 사람이 돼. 그냥 아무나 돼."[8]

'쿨한 언니'의 진심 어린 조언으로 주목받는 이효리 씨와 방시혁 대표의 축사에서 찾을 수 있는 공통점은, 그들의 조언이 결코 상대방을 압박하지 않는다는 것이다. 사회에서 어느 정도의 위치에 오르면 자신의 지난 노력에 대한 보상 심리가 조언에 녹아나기 마련이고, 그것이 세상살이의 이치가 되곤 한다.

방시혁 대표는 밀레니얼 세대가 겪고 있는 고민거리 '꿈이 없음'과 그들이 추구하는 '소박한 행복'이라는 공통 관심사를 가지고 자신의 경험을 녹여냈으며, "이렇게 살아라"라는 조언 대신 앞으로 자신은 어떤 태도로 살아갈 것인지를 다짐했다. 이효리 씨의 짧지만 임팩트 있는 말속에는 아이에게 '훌륭한 사람'이 되어야 한다는 강박보다 자신이 원하는 삶을 살아도 된다는 위로가 담겨 있다.

직장 내에서 소통 방식을 조율하는 가장 탁월한 방법은 "내 생각이 정답은 아니다", "꼭 그렇지 않을 수도 있다"를 받아들이는 것이다. 시대가 변해도 변하지 않는 것은 사람이다. 사람마다 각자 자라온 배경이 다르고 앞으로 나아갈 길도 다르다. 밀레니얼 세대와의 소통이 어렵다고 고민될 때는 "그럴 수도 있다"를 받아들이고, 협업의 관점에서 서로 상생할 방법을 터놓고 논의하는 것이 필요하다.

밀레니얼은 어떻게 일하는가

어떤 피드백이 자신을 성장시키는가

후배에게 피드백하기 두렵나요

제약회사 마케팅팀에서 팀장 직급을 달고 첫 프로젝트를 진행한 김준모 팀장은 이번 프로젝트에 대한 피드백을 진행해야 하는데, 어떻게 이야기해야 팀원들이 잘 받아들일 수 있을지 머리가 지끈거린다. 잘 마무리되었지만 진행 과정에서 보완해야 할 점과, 팀원들 간의 의견 조율 방식에 대해서 팀의 전체적인 평가와 아울러 개개인의 피드백을 진행하고자 한다. 다만 주변에서 요즘 친구들이 워낙 피드백을 민감하게 받아들인다는 이야기를 많이 듣기도 했고, 꼰대라면 치를 떠는 밀레니얼 세대에게 '꼰대'라는 인상을 주게 되는 것은 아닌지 고민스럽다.

선배들은 그런 거 하나하나 신경 쓰면 일 못 하니 그냥 하고 싶은 대로 하라고 조언한다. 김준모 팀장은 이런 사소한 걱정을 하는 자신이 팀장 자격이 없는 것은 아닌지 의기소침해진다.

피드백은 구체적으로 자주 하라

밀레니얼 세대가 '꼰대'라면 경기를 일으킨다는 담론이 확대되면서 스스로 꼰대가 아닌지 의심하는 직장인들 또한 많아졌다. 한 설문 조사에 의하면 "꼰대 취급을 받을까 봐 걱정한 적 있느냐"는 질문에 세 명 중 한 명꼴인 34퍼센트가 "그렇다"고 답했다. "자신이 꼰대라고 생각하느냐"라는 질문에 90퍼센트 이상이 "아니요"라고 답했지만, 혹시나 직장 후배들이 자신을 꼰대라고 여기지는 않을까 걱정한다는 것을 의미한다.

부서의 장을 맡고 있는 관리자들이 부하 직원과 관계를 맺는 데 어려움을 호소하고 있다. "꼰대 취급을 받지 않으려고 어떤 노력을 기울였느냐"라는 질문에는 절반가량이 "되도록 말수를 줄이고, 상대방의 이야기를 경청하려 했다"고 답했으며, 응답자의 20퍼센트는 "조언을 할 때 감정은 최소화하고, 실무 위주의 조언만 하려고 했다"라고 꼽기도 했다.[9] 후배가 꼰대라고 할까 봐 피드백 자체를 두려워하는 것은 비단 김준모 팀장만이 아니라는 사실이다.

그러나 관리자의 중요한 역할이 피드백을 통해 매일의 업무를 조율하고, 적합한 인재에게 맞는 일을 찾아주는 것이기 때문에 후배들의 평가가 두렵다고 피드백을 기피해서는 안 된다. 오히려 밀레니얼 세대와 함께할 때는 피드백을 구체적으로, 자주 하는 것이 중요하다.

밀레니얼 세대가 반응하는 피드백

일반적으로 피드백이라고 하면 상사가 자기 생각을 혼자 이야기하는 '일방적 소통' 행위로 착각하기 마련이다. 잘못된 점만 지적하거나 피드백을 성과 평가에 반영하는 등의 모습을 보면 밀레니얼 세대가 피드백 자체를 받아들이기 힘들어할 수 있다.

그들은 거시적으로 피드백하는 것을 매우 답답해하는 세대이기도 하다. "기다릴 줄 아는 아이가 성공한다"라는 교훈을 주는 『마시멜로 이야기』는 밀레니얼 세대에게 통용되지 않는다. 닿지 않은 미래보다는 현재에, 강도보다는 빈도에 반응하기 때문에 단기적으로 명확하고 구체적으로 일하는 방식과 지시 사항을 전달하는 것이 적합하다.

또한 밀레니얼 세대와 일을 할 때 염두에 둬야 할 것은, 그들은 본인의 경력에 관심이 많다는 점이다. 따라서 그들이 반응하는 것은 결국 자신을 성장시키는 피드백이다. 가장 먼저 해야 할 일은 '처방하기 전에 진단하는 것'이다. 구성원에 대한 세심한 관찰을 기반으로 그들의 유형을 분류하여 역량과 동기부여 수준에 따라 어떻게 접근해야 할지 전략을 세워야 한다.

역량과 의욕에 따른 피드백 예시

• **역량과 의욕이 모두 높은 경우** 인정욕구가 강한 경우가 많으므로 간섭은 최소한으로 하고 믿어주는 모습을 보이는 것이 중요하다. 피드백 시 결과보다는 과정에 집중하여 현재 하는 일이 팀의 전체 업무에 어떤 영향을 주는지 설명해주어야 한다.

• **의욕은 없지만 역량이 충분한 경우** 자존감이 높은 타입이면 피드백에 자칫 반감을 품을 가능성이 크다. 업무를 부여하면서 가치를 찾을 수 있도록 독려해야 한다.

- 의욕은 높지만 역량이 없는 경우 부족한 역량이 무엇인지 자세히 파악하여 그 부분에 대해 꼼꼼하고 정기적인 피드백을 주는 것이 중요하다.
- 의욕도 역량도 없는 경우 자율성을 주기보다는 세심한 관리가 필요하다. 세밀하고 정기적인 피드백을 주되 일의 목적과 기간, 방법을 구체적으로 제시해주는 것이 좋다.

효과적인 피드백은 어떻게 하면 좋을까

일찍이 앨버트 반두라Albert Bandura 스탠퍼드 대학교 심리학과 교수는 목표만 주어졌을 때보다 목표와 피드백이 함께 주어졌을 때 수행 노력이 60퍼센트 증가한다고 밝힌 바 있다. 그렇다면 효과적인 피드백을 위해서는 어떤 점을 고려하는 것이 좋을까? 고현숙 국민대 교수는 『동아비즈니스리뷰』를 통해 효과적인 피드백의 프로세스에 대하여 다음과 같은 원칙을 소개했다.[10]

- 피드백 환경을 점검하라. 핵심은 심리적 안전감이다.
- 피드백하는 주제에 대해 명확히 하라.

- 피드백에 대한 상대의 의견을 들어라.
- 피드백 이후 실행 계획을 의논하라.

고현숙 교수는 "대개 조직의 리더들이 구성원들의 역량 수준을 한심하게 생각하며, 그들을 개조하려고 드는 경향이 있다"며, 그들이 이미 가지고 있는 강점을 발휘하게 환경을 만들어주고 동기를 부여하고 있는지를 묻고 싶다고 반문했다.

베이비붐 세대와 X세대들이 회사에서 밀레니얼 세대들은 업무 수행 방식과 지시 사항을 제대로 이해하지 못한다며 답답해하는 것을 자주 볼 수 있다. 하지만 밀레니얼 세대로서는 문제점만 지적하고 개인적인 업무 역량이나 비전을 고려해주지 않으므로 공감대를 형성하는 것이 어려우며, 게다가 상사의 피드백이 오로지 회사 차원의 주장 같아서 이해되지 않는다고 답변한다.

밀레니얼 세대가 면담을 피한다는 윗세대들의 편견과는 달리 그들은 분기별, 반기별로 한 번씩 진행되는 형식적인 면담 자리가 아니라 실무에 대한 피드백을 수시로 받고 싶어 한다. 한 번 피드백했다고 업무 역량이 곧바로 나아지기를 바라기보다는 인내심을 갖고 기다려주는 것이 중요하다.

적절한 피드백은 최고의 팀을 만든다

피드백에서 중요한 점은 결국 팀워크이다. 최근 세계적 기업들 중 상당수가 팀워크에 집중하는 시스템을 도입하고 있다. 페이스북과 같은 다국적 기업의 경우, 조직원들이 업무 진행 상황을 글로 업데이트하면 그 아래에 짧은 댓글을 주고받는 형태로 피드백을 진행한다. 실시간으로 피드백을 하므로 시각적이고 즉각적이다. 트렐로Trello, 슬랙Slack, 노션Notion 등과 같은 협업 툴을 사용하는 경우, 업무 진행 상황을 보드나 피드로 업데이트하며 실시간으로 피드백하는 방식은 적용해볼 만하다.

브리지워터 어소시에이츠는 퓨어알파Pure Alpha 전략과 올웨더All Weather 전략이라는 두 종류의 헤지펀드를 통해 기관투자가들을 대상으로 약 1,500억 달러 규모의 자산을 운용하고 있다. 현재 1,400명에 이르는 직원을 고용한 규모 있는 펀드 회사인 브리지워터는 구성원들이 실패를 통해 배울 수 있도록 이슈 로그issue log라는 것을 운영한다. 문제가 발생한 경우, 전 직원이 볼 수 있게 문제점과 실패 사례를 기록하면서 본인이 잘못한 부분을 상세하게 열거하는 것이다. 재미있는 점은 실수를 기록하지 않으면 중대한 직무 태만으로 간주하며, 잘못과 문제점을 기록하면 칭찬

과 보상을 받는다는 것이다.[11]

『이기적 직원들이 만드는 최고의 회사』의 저자이자 실리콘밸리에서 개발자로 근무하는 유호현 씨 또한 본인의 저서를 통해 자신의 실수로 2만 달러가 사라졌지만 이를 전 직원에게 공유함으로써 오히려 감사의 인사를 받았다는 경험을 털어놓기도 했다.[12] 국내의 많은 기업이나 그곳에 몸담고 있는 베이비붐 세대는 항상 "실패를 경험하고 자산화해야 한다"고 이야기한다. 그러나 우리 조직의 현실은 실패를 허용하지 않으며, 피드백을 통해 실패를 자산화하기보다는 성과에 부정적으로 반영한다. 해외 사례처럼 실패나 실수에 대한 피드백을 공개적으로 표현하게 된다면, 이를 두려워하기보다는 사건의 진상과 시스템적 문제점을 적시할 방법을 찾기 위해서 노력할 것이다. 물론 이러한 정책이 안착하기 위해서는 피드백이 위협으로 받아들여지지 않도록 '안전감'을 주는 것이 전제되어야 한다.

넷플릭스는 자신들의 조직 철학이 담긴 '자유와 책임'을 통해 관리자에게 이러한 메시지를 전달했다.

여러분이 관리하는 우수한 사람들 중 한 명이 멍청한 짓을 하더라도 그를 비난하지 마라. 대신 여러분이 그 사람에게

어떤 맥락을 전달하지 못했는지 스스로 물어보라.[13]

아쉽게도 우리는 코칭하는 방법을 제대로 배우거나 올바른 피드백을 받아본 경험이 드물다. 하지만 피드백은 관리자의 의무이며, 조직은 구성원들 간의 피드백을 통해 성장한다. 조직은 꼰대가 되기를 두려워하거나 꼰대를 두려워하는 것이 아니라, 함께 성장하는 피드백 문화가 정착될 수 있도록 치열하게 고민해야 할 것이다.

뛰어난 인재는 만들어진다

새로운 세대에게는 새로운 고용 형태가 필요하다

얼마 전 부하 직원의 퇴사로 인해 개발팀 민성욱 팀장은 부사장에게서 "잘 좀 해주지 그랬냐"는 이야기를 들었다. 질책을 받은 것은 아니었지만 팀원이 그만둔 것을 팀장 탓으로 돌리는 듯해서 조금 억울했다. 민 팀장은 그 직원의 꿈이 자신의 가게를 차리는 것이라는 사실을 알고 있었기에, 퇴사 면담에서 그가 창업을 위해 퇴사한다고 말했을 때 그의 새 출발을 진심으로 응원해주었다. 아쉬움이 없었던 것은 아니다. 하지만 갈 사람은 붙잡아도 갈 것임을 민 팀장은 잘 알고 있었다. 그러나 회사 차원에서는 직원의 퇴사가 관리자의 무능함으로 비치는 것 같아서 씁쓸하기만 하다.

밀레니얼은 어떻게 일하는가

조직의 입장에서는 기껏 뽑아서 일을 가르쳤더니 퇴사를 하는 직원들로 인하여 고민스러운 것이 사실이다. 경력 10년 차 직장인의 경우 평균 4번 이직한다는 말이 있는 요즘, 신입사원을 뽑으면 정년까지 다닌다는 것은 옛말이 되어버렸다.[14]

최근 '잡호핑족'이라는 신조어가 생겼는데, 직업을 의미하는 '잡job'과 뛰는 모습을 표현한 '호핑hopping'이 결합된 단어로, 경력을 쌓아 여러 번 이직하는 사람을 뜻한다. 이러한 흐름을 타고 네트워크를 기반으로 채용 시장을 활성화하는 플랫폼 서비스들도 국내에 등장했다.

'한국판 링크드인'이라고 불리는 국민 명함 앱 리멤버는 최근 경력직 구인 및 구직을 연결하는 '리멤버 커리어'를 출시하여 구직자들이 자신의 경력을 등록만 하면 각 기업의 인사팀과 헤드헌터들이 프로필을 확인하고 이직을 제안할 수 있도록 했다. 리멤버 커리어가 사전 등록 프로필 숫자 10만 명을 달성한 데 이어, 출시 한 달 만인 지난 8월 중순에는 20만 명을 돌파하며 주목을 받았다.[15]

취업 포털 잡코리아의 설문 조사에 따르면, 자신을 잡호핑족으로 규정한 응답자의 41.8퍼센트가 '연봉'을 높이기 위해서 이직을 결정했다고 밝혔으며, 역량 강화 및 경력 관리(31.5퍼센트)와 상사와 동료에 대한 불만(18.3퍼센트)을 각각 2, 3번째 이유로 꼽았다. 본인의 역량 성장과 보상, 그리고 어떠한 사람들과 일을 하느냐가 퇴사에 가장 큰 영향을 주는 것이다. 이는 밀레니얼 세대가 어렵게 들어간 회사를 퇴사하는 이유와 크게 다르지 않다. 그들의 퇴사에 대하여 "끈기 없고", "참을성 없다"고 평가하기보다는 평생직장의 시대가 저물고 이직의 시대가 열렸다는 것을 인정해야 할 때이다.

전통적인 노동계약과는 달리 단기 계약 혹은 자유 계약이 우선시되는 유연한 노동시장인 '긱 이코노미gig economy'가 등장했으며, 유튜브와 같은 온라인 플랫폼이 고도화되면서 스스로 콘텐츠를 만들고 수익을 얻으며 '스스로 고용'하는 크리에이터들이 생겨났다. '디지털 장터에서 거래되는 기간제 근로' 현상인 긱 이코노미의 경우 그때그때 발생하는 수요에 따라서 단기적으로 계약을 맺는 형태로, 국내에서는 '쿠팡 플렉스', '쏘카 핸들러'와 같은 일자리들이 대거 생겨났다. 이러한 시스템은 편의와 효율을 제공하는 한편, 한계점 또한 존재한다.

여기서 주목해야 할 점은 한 곳의 직장만으로 수입을 얻는 지금까지의 노동시장이 변화하기 시작했다는 것이다. 이를 두고 실리콘밸리의 고용 전문가인 벤 카스노카Ben Casnocha 와사비벤처

스 자문위원은 '새로운 세대들'을 위한 '새로운 고용 형태'가 필요하다고 말했다.

위기일수록 인재 육성 시스템을 만들어라

벤 카스노카는 프로 축구팀에서 착안한 새로운 제도인 '투어 오브 듀티Tour of Duty'를 제안했다. 그것은 전력 보강을 위해서 필요한 선수와 2~4년의 단기 계약을 하는 방식으로 유연하게 움직이는 것을 말한다. 단순히 계약직으로 운영하는 것처럼 보일 수도 있지만, 직원이 자신의 회사를 운영하는 것처럼 결정권을 가지고 일할 기회를 준다는 점이 다르다.[16] 프로 축구팀과 선수가 계약한다고 해서 은퇴할 때까지 함께하는 것이 아님을 스포츠 팬이라면 잘 알고 있을 것이다. 선수는 팀 안에서 최고의 기량을 발휘하여 팀이 좋은 성적을 거둘 수 있도록 최선을 다한다. 경기에서 우수한 성적을 거둔 선수는 더 좋은 팀의 눈에 띄어, 몸값을 높여 다른 구단으로 이적할 수 있게 된다.

벤 카스노카는 "직장은 가족이 아닌 스포츠팀처럼 운영돼야 하며, 한번 고용 관계를 맺으면 평생 지속되는 것이 아니라 전술,

포지션에 필요한 최고의 선수들을 갈아 끼우는 식으로 노사관계가 바뀌어야 한다"라고 말한다. 물론 회사는 스포츠팀과 다르며, '이직'을 한다고 해서 이적료를 받으며 수익을 취할 수 있는 것도 아니다. 이직 시장은 이미 열렸으므로 인재를 붙들 수 없다면 오히려 이에 영향을 받지 않는 조직 시스템을 만들어야 한다는 것이 핵심이다. 이직은 조직 내 사기를 떨어뜨리고 생산성을 감소시키며, 조직의 불안정을 가져온다. 그러나 조직 시스템과 맞지 않은 인재가 나감으로써 조직의 능률을 높일 수 있으며, 신규 인원이 충원됨에 따라서 새로운 아이디어를 제공받을 수 있다는 긍정적인 점도 있다. 그러므로 오히려 인재를 체계적으로 육성할 수 있는 시스템을 도입해야 한다.

다국적 기업 P&G가 경제 전문지 『포천Fortune』이 선정하는 세계 50대 기업에 거의 매년 빠짐없이 등장하는 이유 중 하나는 '사람'이다. 뛰어난 인재는 주어지는 것이 아니라 만들어지는 것이라는 명분 아래 인재 선발에서 육성까지 혹독한 과정을 거치기 때문에 '마케팅 사관학교'라는 별칭까지 붙었다. 유능한 인재를 선발하고, P&G 방식으로 교육한 직원들은 애플, 코카콜라를 비롯하여 세계 각국 유수의 기업들로 퍼져나가 리더의 자리에서 제 기량을 발휘한다. 그 덕에 마케팅 전문가가 되고자 하는 유능

밀레니얼은 어떻게 일하는가

한 인재들이 P&G에 매년 수혈되어 오히려 회사는 생기 왕성해졌다.[17])

밀레니얼 세대에게 평생직장이 없다는 이야기는, 다시 말해서 우리 회사에도 유능한 인재가 들어올 수 있다는 뜻이다. P&G가 마케팅의 대명사이듯, 우리 회사가 가진 강점을 바탕으로 인재를 어떻게 양성할 수 있는지 지금부터 고민해야 한다.

퇴사보다는 사내 이직을 고려하라

사내 이직, 즉 직무 변경을 독려하는 시스템을 활용할 수 있다. 같은 업무를 반복적으로 수년간 하다 보면 누구나 지루함을 느끼고 타성에 빠지기 쉽다. 3년, 6년, 9년 단위로 퇴사를 고려한다는 말처럼 이직을 떠올리기 마련이다.

국내 기업들 중에도 사내 직무 변경 제도를 운용하는 곳들이 있지만, 이직자에게 '조직 부적응자'라는 프레임을 씌우거나 '팀 내에서 문제가 있어 이동한다'라고 생각하는 경우가 많다. 또한 팀원이 부서를 옮기는 것에 대해서 개인적인 서운함을 표시하기도 한다.

아마존의 경우 오히려 '아마존의 다른 부서로 이직'할 수 있도록 사내 이직이 제도화되어 있다. 입사 때와 비슷한 면접 과정을 거치지만, 아마존 내 다른 부서 매니저와 접촉하여 새로운 경험을 할 수 있는 기회를 제공하는 것이다.[18]

성장 욕구가 강한 밀레니얼 세대가 본인의 커리어에 대한 고민 끝에 퇴사를 고려하고 있다면, 직무 변경을 할 수 있도록 장려해보자. 회사가 개인의 역량 강화에 관심을 기울인다는 점에서 좋은 인상을 심어줄 수 있다. 물론, 그 과정에서 본인이 흥미를 느끼는 직무를 찾게 된다면 금상첨화일 것이다.

이미 언론을 통해 널리 알려진 유명한 '페이팔 마피아Paypal Mafia'는 실리콘밸리의 혁신을 주도하는 그룹으로 빼놓을 수 없는 테슬라의 창립자 일론 머스크Elon Musk, 유튜브의 설립자 스티브 첸陳士駿, 링크드인의 설립자 리드 호프먼Reid Hoffman 등으로 구성되어 있다.

2007년 『포천』지에 페이팔 출신 창업자들의 사진과 함께 성공을 다룬 기사가 실리면서 그들은 '페이팔 마피아'로 알려지게 되었다. 각자의 분야에서 독점적인 시장을 개척하고 눈부신 성공을 이룬 그들은 이제 실리콘밸리의 파워 그룹으로 자리 잡았다.

리드 호프먼은 과거 블룸버그와 가진 인터뷰에서 "요즘도 거시경제나 금융에 관해서는 피터와, 빅데이터처럼 돈이 될 만한 기술에 관해서는 맥스와, 위험 부담이 대단히 큰 일을 할지 말지 고민될 때는 일론과 제일 먼저 상의합니다"라고 말한 바 있다. 그들의 관계는 여전히 현재진행형이다. 페이팔 마피아와 유사하게 구글 출신으로 활발한 창업과 투자를 하는 사람들을 가리켜 '구글 동창회Google Alumni'라고 부르기도 한다.[19]

국내에서도 IT 벤처 붐이 불었을 때 '1세대 벤처 마피아'가 있었다. 요즘은 우아한형제들 출신들이 국내 스타트업계에 포진하여 '배민 마피아'를 형성하고 있다. 공유 주방 서비스 '고스트 키친'을 이끄는 최정이 대표, 국내 최초의 전동킥보드 공유 서비스 '킥고잉'의 공동 창업자 이진복 최고기술책임자, 최근 세탁 서비스 '런드리고'를 론칭한 의식주컴퍼니의 조성우 대표 모두 우아한형제를 이끌었던 '배민 출신'이다. 우아한형제들 출신들이 배달의민족을 성공적으로 안착시키는 과정을 통해 경험과 노하우를 배운 덕분이다.

배민 마피아들은 퇴사 후에도 우아한형제들의 김봉진 대표와 여전히 연락하며 돈독한 관계를 유지하고 있으며, 필요할 때마다 서로 도움을 주고받는다고 알려졌다.[20]

한편으로는 비즈니스 성장 노하우를 뺏긴 것이 아닌가 하는 우려가 있을 수 있다. 그러나 "평생직장 따윈 없다. 최고가 되어 떠나라!"는 우아한형제들의 접견실 한편에 적힌 문구처럼 퇴사한 이들이 기업의 가치를 알리는 앰버서더가 될 수 있을 것이다.

Part
3

What

조직은 무엇을
준비해야 하는가

프로 대우를 하라

연봉보다 중요한 것

통상적으로 '프로 대우'라고 하면 연봉을 가장 먼저 떠올릴 것이다. 연봉이 높다는 것은 분명 조직에서 좋은 대우를 받고 있음을 의미한다. 그러나 결코 프로 대우가 연봉이라고 말할 수는 없다. 다음 사례에서 이러한 이유에 대해 좀 더 자세히 알아보자.

IT 계열사로 이직을 준비하던 이신우 씨는 만족할 만한 조건의 A사와 B사에 합격했다. A사는 신우 씨에게 업계 최고의 연봉과 인센티브를 제시했다. 반면 B사는 A사에 비해 높은 급여는 아니지만, 프로젝트를 리드하고 사내 멘토링을 통한 경력 개발의 기회를 제시했다. 신우 씨는 A사의 안정성과 높은 연봉에도 불구하고 주저 없이 B사를 택했다. 평소 높은 업무 성과로 여러 회사에서 좋은 제안을 받았던 그가 잘 알려지지 않은 B사에 입사했다는 소식은 뜨거운 감자로 떠올랐다. 많은 이들이 그 이유를 궁금해 했다. 우리는 그를 잘 알고 있는 지인에게 부탁해 어렵지 않게 신우 씨를 만날 수 있었다. 그런데 그에게서 의외의 답변을 들었다.

"제가 A사의 면접을 봤을 때만 해도 굉장히 매력적인 회사라고 생각했었어요. 면접 후 A사 직원들과 함께 엘리베이터를 탔는데, 그들의 표정이 행복해 보이지 않더라고요. 이후 B사에서는 회사에 들어가는 순간 팀 단위로 열렬히 토론하며 서로 웃고 있는 모습을 보았어요. 아주 찰나의 순간이었지만 그게 결정적인 이유였습니다."

처음 방문한 회사임에도 불구하고 B사의 직원들은 화장실에서 신우 씨와 마주쳤을 때 인사를 해주었고, 거기에 매우 긍정적인 인상을 받았다고 덧붙였다. 그는 연봉은 차이가 나지만 B사와 함께한다면 존중받을 수 있는 환경에서 성장할 수 있으리라는 확신이 들었다고 한다. 아주 짧은 순간이었지만 그는 자신의 결정이 옳았다고 믿고 있다.

B사에 입사한 신우 씨에게 업무에 집중하고 성장할 수 있는 환경과 충분한 권한 및 책임이 주어졌다. 또한 함께 나아가려는

동료들이 있어 그는 매우 만족하며 지내고 있다. 물론 신우 씨의 선택을 일반적이라고 볼 수는 없다. 하지만 그처럼 능력 있는 인재들이 회사를 선택할 때 연봉이 얼마나 큰 비중을 차지하는지 살펴볼 필요는 있다.

글로벌 인사 조직 컨설팅 기업 타워스왓슨Towers Watson에서 실시한 '2012년 글로벌 인적자원 조사' 결과에 따르면, 한국의 핵심 인재들은 미션, 비전, 조직 가치, 직무의 자율성이 보장되는

현재 직장 입사 동기

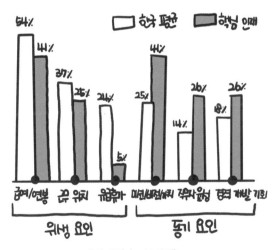

출처: 동아비즈니스리뷰[1]

조직은 무엇을 준비해야 하는가

조직 문화를 가진 기업을 선호한다고 한다. 그러므로 높은 연봉만으로는 핵심 인재를 움직일 수 없다. 전제 조건은 기업이 비전과 조직 가치를 바탕으로 직무의 자율성을 보장할 수 있어야 한다는 점이다.

인재를 부속품이 아닌 한 명의 '프로'로 존중해주는 문화가 필요하다. 프로 대우는 거창한 것이 아니다. 그것은 바로 업무 외적으로 불필요한 일을 없애고, 나이와 직급을 떠나 서로의 능력에 대한 존중으로 조직 문화를 이끄는 것을 뜻한다.

최고의 인재들이 찾는 조직으로 만들어라

레알 마드리드, 바르셀로나와 같은 명문 구단의 선수들은 경기를 위한 훈련 외에 어떠한 노동도 요구받지 않는다. 구단은 선수들이 최고의 기록을 낼 수 있는 환경을 제공하고, '프로'로 대우한다. 나이가 어려서, 경력이 부족하다는 이유로 불필요한 일을 시키거나 회사의 부속품으로 생각하지 않는 것부터가 그 시작이다. 다만 반드시 명심해야 할 사항이 있다. 인재들을 위한 대우를 보장하되 성과에 대해서는 냉정하게 판단해야 한다는 점이다. 높은 연봉을 받는 선수들은 그만큼 뛰어난 기량이 필요하다.

평균 연봉 3억 7,000만 원의 넷플릭스는 인재 한 명을 위해 큰 돈을 지불하고 있다. 넷플릭스의 구성원이 된다는 것은 연봉과 복지 면에서 '프로'로서 최고의 대우를 받는다는 것을 의미한다. 그러나 이에 합당한 능력을 발휘하지 못할 시에는 높은 퇴직금을 주더라도 조직을 떠나게 한다. 이것은 마치 프로선수들의 경우와 흡사하다. 프로는 결과에 있어 냉정한 대우를 받는다. 회사는 프로들이 최고의 기량을 발휘할 수 있도록 불필요한 업무를 줄이고 상호 존중의 문화를 만들어야 한다. 그렇게 된다면, 단언컨대 당신의 회사에는 최고의 인재들이 제 발로 찾아올 것이다.

조직은 무엇을 준비해야 하는가

성장을 돕는 권한과 책임을 분배하라

맞지 않는 옷은 갈아입어라

이커머스 회사의 온라인 MD 직군에 입사하게 된 사회 초년생 이소연 씨는 큰 회사에 들어가게 되어 주변 사람들로부터 축하를 받았다. 직장인으로 새 시작을 하게 된 소연 씨는 설렘을 안고 출근한 첫날 모든 기대와 환상이 무너짐을 느꼈다. 대략적인 업무 시스템만 학습한 후 바로 실무에 투입되었기 때문이다. 사수가 있었지만 제대로 인수인계가 되지 않았다. MD의 업무 특성상 제품 출시일이 임박하면 타이트한 일정으로 인해 다른 동료들을 챙길 겨를이 없었기 때문에 소연 씨는 방치되다시피 했다. 매번 버벅거리기 일쑤였고 실수도 잦았다. 야단도 많이 맞고, 점점 눈치도 보이자 소연 씨의 자존감은 날이 갈수록 떨어졌다.

남들보다 배우는 것이 더딘 편인 그녀는 같이 입사한 동기가 잘 적응하는 모습을 보며 자괴감마저 들었다. 고민 끝에 팀장과 사수에게 면담을 요청했다. 그러나 그들이 해준 것은 "혼나면서 배우는 거다", "처음부터 잘하는 사람은 없으니 더 노력해라"와 같은 표면적인 위로뿐이었다. 소연 씨는 자신의 능력 부족을 실감하며 자책할 수밖에 없었다.

결국 그녀는 꿈을 안고 힘들게 입사한 회사에서 퇴사했다. 본인이 회사에 적응도 못 하고 능력도 없다는 생각에 매일 괴로웠기 때문이다. 직장을 나온 후 공백기를 가지며 여행도 다녀왔고, 취미 생활도 시작했다. 그러나 마음 한구석은 점점 심란해졌다. 전 직장에서 적응하지 못하고 퇴사했다는 생각에 다른 곳에서도 인정받지 못할 것 같았다. 또 짧게 근무한 탓에 근성이 없는 사람으로 보일 것 같아 겁도 났다.

그러던 중 단기 아르바이트로 추석 선물 세트 판매 일을 하게 되었다. 프리미엄 추석 선물 세트라서 타사 제품보다 가격이 높아 판매율이 상대적으로 저조했다. 소연 씨는 MD 직군에서의 경험을 살려 제품을 꼼꼼히 살폈고, 타사 제품과 차별화되는 셀링 포인트를 집어낼 수 있었다. 그녀는 담당자에게 의견을 전달했고, 판촉에 반영되어 전 물량이 소진되는 큰 성과를 이루어냈다.

이 일을 계기로 소연 씨는 자신감을 얻고 프로모션 직무에 도전하게 되었다. 지원하는 회사에 맞춘 기획서도 함께 제출한 소연 씨는 여러 곳에서 러브콜을 받았고, 결국 자신과 가장 잘 맞는 회사에 입사하게 되었다.

다시 신입사원이 되었지만 소연 씨는 지금이 가장 행복하다고 한다. 본인이 제안한 프로젝트를 직접 진행하게 되었으며, 훌륭한 동료들이 자신과 함께하고 있기 때문이다. 이 회사는 간섭보다는 전반적인 프로세스 진행에 대한 권한과 책임을 개인에게 맞게 분배하고 피드백을 진행하는 것이 특징이다. 소연 씨는 부담감을 느끼지만, 한편으로는 신입 자리에서도 프로젝트에 충분히 기여할 수 있음에 감사했다. 매사 자신감이 부족했던 소연 씨는 현재 프로젝트 디렉터가 되어 동료들의 신뢰를 받으며 일하고 있다.

방송에서 배우는 밀레니얼 세대 소통법

최근 MBC에서 방영 중인 〈놀면 뭐 하니-유플래쉬〉에서도 비슷한 사례를 볼 수 있다. 이 프로는 유재석 씨가 친 드럼 비트를 두

뮤지션, 유희열 씨와 이적 씨에게 전달하면서 시작된다. 어설픈 유재석 씨의 드럼 비트 위에 각자 피아노와 기타 작업을 더 한다. 두 파트로 나눈 동일한 드럼 비트는 다시 후배 뮤지션들이 이어받아 새로운 결과물을 만드는데, 방송은 그러한 과정을 다루고 있다.[2]

특이한 점은 작업물을 넘긴 유희열 씨와 이적 씨가 후배 뮤지션들에게 어떠한 간섭도 하지 않는다는 것이다. 그저 화면을 통해 그들이 넘겨받은 음원을 놓고 고민하며, 어떻게 발전시키는지를 지켜볼 뿐이다. 이러한 과정에서 신선한 음악이 나온다. 이 모습에 대하여 한 커뮤니케이션 전문가의 견해를 다음과 같이 정리해보았다.

- 음원을 넘겨받은 후배 뮤지션들이 나이나 경험은 선배들에 비해 짧지만, 현재의 트렌드에 대해서는 더 좋은 감각을 가질 수 있다. 또 악기를 연주하는 능력은 떨어질 수 있으나, 컴퓨터를 더 능숙하게 다루고 다른 분야의 음악적 전문성을 갖고 있다.
- 직장 내 선배들은 과연 후배 직원들을 얼마나 믿고 기회를 만들고 있는지에 대해 생각해볼 필요가 있다. 선배로

조직은 무엇을 준비해야 하는가

서의 존재감을 보여주기 위해 지나친 개입을 하고 있는 것은 아닌지, 그들의 잠재력을 믿지 못하여 능력을 발휘할 기회를 막고 있는 것은 아닌지 생각해볼 필요가 있다.

- 출처: 뮤지션에게 배우는 밀레니얼 소통법[3]

〈유플래쉬〉 프로그램에 소연 씨의 사례를 대입해보면 재미있는 공통분모가 존재한다. 신입사원과 일을 할 때 윗세대의 대부분은 간섭을 하거나 방관하는, 둘 중 하나의 자세를 갖는다. 그러나 두 사례를 통해 알 수 있는 것은, 공통적으로 적당한 '거리를 유지'함으로써 스스로 만족할 만한 결과를 얻게 했다는 점이다. 밀레니얼 세대와 일을 할 때에도 다르지 않다. 방관이나 간섭보다는 적절한 거리를 유지해야 한다는 것이다.

그렇다면 어떻게 거리를 유지할 수 있을까? 목표는 구체적으로, 간섭은 차츰 줄여가는 방향으로 진행하는 것이 도움이 된다. 또한 선배로서 직장 내에서 넘지 않아야 할 선을 알려주되, 일하는 과정에 대해서는 스스로 답을 찾아갈 수 있게 시간을 주는 것이다. 지나친 개입을 지양하고 조직의 기준 안에서 그들의 잠재력이 최대한 발현될 수 있도록 책임과 권한을 주어야 한다. 만약 유재석 씨가 작업을 하는 동안 음악 전문가들이 지나치게 개입했다면, 그 결과물은 어떻게 되었을까? 아마도 그보다 더 좋은 곡이 나오기는 어려웠을 것이다. 어떤 이들에게는 책임과 권한에 대한 기준이 모호하여 조직에 어떻게 적용해야 하는지 혼란스러울 수 있다.

다음 세 가지 주의 사항을 제시함으로써 그에 대한 힌트를 제공하고자 한다.

첫째, 책임과 권한이 결코 방임은 아니다.

많은 이들이 오해하는 부분이다. 책임과 권한만을 부여한 채 아무것도 하지 않는다면 그것은 방임이 된다. 시키지 않아도 모든 걸 척척 해내는 유능한 신입도 있을 것이다. 하지만 대부분의 신입사원에게 최소한의 가이드라인은 필요하다. 업무에 대해 확실한 목표를 제시하거나, 넘어서는 안 될 선에 대한 안내나 정보는 반드시 알려주어야 한다. 상호 합의하에서 움직여야 공통의 방향성을 가질 수 있기 때문이다. 물론, 처음이라 모르는 것이 많을 수 있다. 선배로서 해줄 수 있는 가장 좋은 역할은 질문을 받았을 때 정확히 답변해주는 것이다. 결코 "나 때는 말이야"로 시작해서는 안 된다. 결국 책임과 권한은 방임이 아닌 더 많은 관심이라는 점을 기억해야 한다.

둘째, 신입이 할 수 없는 부분을 직시해야 한다.

조직 생활에서는 각자의 책임과 권한의 범위가 다르다. 때로는 그들에게 주어져서는 안 될 권한이 있을 수 있다. 관리자로서의 권한과 책임 소재에 대해 각자의 위치에 맞는 명확한 구분이 필요하다.

셋째, 책임과 권한을 잘 이행할 수 있는 인재를 찾아야 한다.

어떤 인재를 뽑아야 한다고 정의하는 건 불가능하다. 회사마다 추구하는 목표와 인재상이 다르기 때문이다. 다만 팀이 지향하는 방향성과 일치하는 제안을 할 수 있으며, 목표를 향한 의지와 책임감이 있는 이들을 찾아야 한다. 가짜 책임감과 의지를 지닌 사람에게 책임과 권한을 주는 것은 고양이한테 생선을 맡긴 상황이 될 것이다.

소연 씨의 사례와 〈놀면 뭐 하니-유플래쉬〉 프로그램은 밀레니얼 세대와 어떻게 일해야 하는지에 대해 깊은 통찰을 준다. 책임과 권한이라는 타이틀에 맞춰 그들의 잠재성을 끌어낸다면 훌륭한 시너지 효과를 거둘 수 있을 것이다.

업무에 몰입할 수 있는 환경을 조성하라

워라밸은 '그림의 떡'이 아니다

직장 생활을 하다 보면 삶에 대한 고민으로 인하여 업무에 몰입할 수 없는 경우가 종종 있다. 사회 초년생의 경우 학자금 대출 걱정에 어떻게 하면 많은 연봉을 받을 수 있을지 고민하기도 하고, 자녀가 있거나 2세를 준비하는 부부의 경우 임신과 육아를 직장 생활과 병행할 수 있을지에 대해 염려하기도 한다. 그 밖에 건강, 경조사 등 다양한 변수로 인해 온전히 일에 집중할 수 없는 문제가 생기기도 한다. "연봉은 적지만 일과 삶의 균형을 적절하게 지킬 수 있는 회사를 선택하겠다"라고 답변한 직장인들이 전체 응

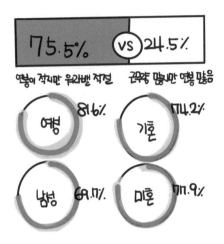

연봉은 적지만 워라밸이 있는 곳 vs
워라밸은 없지만 연봉이 높은 곳[4)]

75.5% (vs) 24.5%

연봉이 적지만 워라밸 적절   근무량 많지만 연봉 많음

여성 81.6%   기혼 74.2%

남성 69.7%   미혼 77.9%

답자의 75.5퍼센트를 차지하는 것은 일상과 업무의 균형점에 대한 고민을 대변한다.

'워라밸work and life balance'이란 말을 모르는 사람은 거의 없을 것이다. 일과 삶의 균형에 대한 요구는 날이 갈수록 높아져가고 있다. 2018년 문화체육관광부에서 시행한 삶의 질 여론조사에 따르면, 개인의 삶에서 가장 우선시하는 가치는 36.4퍼센트의 응답률을 보인 '개인이나 가정생활'이었다. '일'은 32.3퍼센트로 다음 순위를 차지했으며, '일과 가정이나 개인 생활의 균형'은

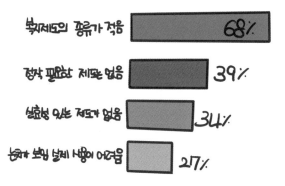

회사 복지에 불만족하는 이유

복지제도의 종류가 적음 68%

정작 필요한 제도는 없음 39%

실효성 있는 제도가 없음 34%

눈치 보며 날짜 사용이 어려움 27%

출처: 디지틀조선일보[5)]

31.4퍼센트였다. "만약 시간적 여유가 더 생긴다면 무엇을 할 것인가"에 대한 질문에 38.9퍼센트가 "자기 계발, 스포츠 등에 시간을 더 쏟고 싶다"고 응답하기도 했다.

반면에 직장인들의 염원과는 다르게 실제로 직장 내 일과 삶의 균형을 위한 복지 만족도는 '낙제점'이다. 사람인에서 직장인 1,007명을 대상으로 조사한 결과 불만족 50.0퍼센트, 만족 17.2퍼센트, 보통 32.9퍼센트이며, 대기업을 제외한 기업들은 50점 이하로 드러났다.

조직은 무엇을 준비해야 하는가

특히 응답자의 57퍼센트는 복지제도에 대한 불만으로 퇴사나 이직을 고민한 적이 있다고 답했다. 이러한 상황에도 불구하고 일부 경영인들은 회사의 규모가 작기 때문에 신경 쓰기 어렵다거나 비용 대비 실효성에 대한 의문을 제기했다. 물론, 회사의 존폐가 놓인 상황에서 복지까지 신경 쓸 겨를이 없을 수도 있다. 눈앞에 보이는 구체적인 성과 역시 바로 나타나기 힘들 수도 있다. 하지만 업무에 좀 더 몰입할 수 있는 환경이 조성된다면 장기적인 관점에서 더 좋은 성과를 달성할 수도 있다. 어떤 복지제도를 통해 업무 환경을 개선해야 할지 막연하다면 국내외 사례를 살펴보며 우리 조직에 어울릴 만한 제도를 찾아보자.

협업 관리 소프트웨어 회사 아사나Asana 사례에서, 문득 스타크래프트 테란 종족 최강자 이영호 씨가 생각났다. 그는 게임을 하기 위한 최상의 공간 설정을 위해 시합장에 자를 들고 다닌다. 연습 때와 똑같은 환경을 만들기 위해 키보드와 마우스, 모니터의 위치까지 자로 측정하여 배치한다. 본인이 최상의 컨디션을 낼 수 있는 환경은 스스로가 가장 잘 알고 있기 때문에 이와 같은 디테일에 신경을 쓰는 것이다.

아사나의 인테리어 복지제도 역시 본인의 자리를 스스로 인테리어할 수 있는 기회를 주었을 때 가장 최적의 환경이 조성될 수

해외 기업의 복지제도[6]

분야	사례
업무 환경	협업 관리 소프트웨어 회사 아사나에서는 데스크 인테리어 비용으로 1인당 1만 달러를 제공한다. PC, 책상, 의자 등 예산 내에서 원하는 것을 마음대로 주문할 수 있다.
가사	메모 정리 앱 서비스 회사 에버노트Evernote에서는 맞벌이 부부의 고민 중 하나인 집 청소를 위한 복지제도를 시행한다. 직원들과 그 배우자들을 위해 가사도우미 서비스를 한 달에 두 번 제공한다.
사회 초년생	글로벌 컨설팅 회사 PwC에서는 직원들의 학자금 대출 문제를 해결할 수 있도록 1인당 1,200달러의 대출 상환 비용을 지원해준다.
육아	마케팅 세일즈 플랫폼 회사 허브스팟HubSpot은 12주 유급 출산휴가와 4주 유급 육아휴직을 제공한다. 페이스북은 모든 직원에게 남녀 구분 없이 4개월의 육아휴직 기간을 제공한다.
영감	음악 스트리밍 서비스 회사 스포티파이는 재즈 세션 콘서트, 프라이빗 콘서트 등 회사에서 무료로 콘서트를 제공한다. 내재된 감정을 불러일으키는 데 도움을 주기 위해 시행된 제도라고 한다. 애플은 무료 음료나 음식을 제공하거나 스티비 원더Stevie Wonder나 데미 로바토Demi Lovato 같은 음악계의 유명인사를 초청해 종종 라이브 콘서트를 주최한다.
건강	헬스장 체험 서비스 제공 회사 클래스패스는 언제 어디서나 본인 건강을 위해 클래스패스에 등록된 헬스장, 모든 운동 관련 수업을 무료로 이용할 수 있다.
교육	클라우드 컴퓨팅 회사 디지털오션에서는 입사 시 전자책 킨들을 무료로 제공하고 직원이 원하는 콘퍼런스, 교육 강의에 모두 참석할 수 있도록 비용을 지원한다. 포토샵의 제작사로 잘 알려진 소프트웨어 회사 어도비는 1만 달러의 장학금과 교재비를 지원해준다.
기타	게임 회사 징가는 반려견과 함께 일할 수 있고 회사 옥상에서 산책도 할 수 있다. 그 외에도 엑스박스, 닌텐도 게임 등을 마음껏 즐길 수 있다. 링크드인은 직원들에게 2,000달러 상당의 'Perk Up' 보너스를 제공하여, 운동 수업이나 아이들의 양육비 등 다양한 직원 복지에 사용할 수 있도록 한다. 항공사 사우스웨스트 항공은 다른 항공사, 호텔, 렌터카, 테마파크에서 사용할 수 있는 할인 혜택을 제공한다. 클라우드 스토리지 회사인 드롭박스Dropbox는 점심 급식을 제공하며 대중교통비를 환급해준다. 애플 직원들은 입사 3년 차부터 모든 애플 제품의 25퍼센트 할인 혜택을 받을 수 있다. 어도비는 직원의 자선 기부금 또는 자원봉사 시간을 매년 1,000달러까지 지원한다.

조직은 무엇을 준비해야 하는가

있다는 점에서 착안한 게 아닐까 생각한다. 업무에 몰입할 수 있는 환경을 만들기 위해서는 그들이 원하는 최적의 환경을 파악해야 한다.

아사나 외에도 사우스웨스트 항공Southwest Airlines, 스포티파이, 클래스패스ClassPass, 디지털오션DigitalOcean, 징가Zynga 등의 기업 복지에서 공통된 특징을 발견할 수 있다. 자사의 서비스에 도움이 되거나 일치하는 항목의 복지제도를 시행한다는 점이다. 직원들에게 혜택을 주면서도 서비스를 좀 더 고도화할 수 있는 기회로 삼은 것이다. 그 밖에도 어도비Adobe의 자선 활동을 위한 지원금 역시 주목해볼 필요가 있다. 그것은 복지를 위한 지원금인 동시에 회사의 사회적 활동과 가치를 널리 알리는 역할을 수행한다는 점이다. 직원들이 원하는 복지 사항 중 회사를 발전시킬 수 있는 방향성과 일치하는 제도를 시행한다면 상호 간의 시너지를 낼 수 있을 것이다.

반면에 국내 기업들 중에서도 특별한 활동들을 통해 업무에 몰입할 수 있는 환경을 만들어가는 곳이 있다. 대기업도 기업 문화를 배우러 온다는 우아한형제들의 '피플팀'이다. 피플팀은 우아한형제들의 기업 문화와 비전을 조직원들에게 공유하고, 그들의 어려움을 해결해주는 역할을 한다. 기존 인사팀에서 직원들을 평가하는 것을 주 업무로 삼는 것과는 대조적이다. "배민다움이 무엇인지 보여주는 공기 같은 역할을 한다"는 피플팀은 임직원이 입사하는 날부터 퇴사하는 날까지 회사 생활을 편하게 해주기 위해서 끊임없이 직원들과 소통한다. 아플 때 약을 사다주거나, 직원 및 직원 가족의 생일을 알려주기도 하고, 사내 이벤트를 하는 등 아날로그적인 노력도 아끼지 않는다.

임직원의 행복을 높이는 좋은 방법은 "소소한 만족을 많이 주는 것"이라고 말한 바 있는 김봉진 대표의 마인드처럼 우아한형제들은 그들만의 독특한 복지제도를 시행하고 있다. 그중 대표적인 몇 가지를 소개하면 다음과 같다.

우아한형제들만의 독특한 복지제도[7]

- 주 4.5 제도: 월요일 오후 1시 출근
- 임신 기간 근로시간 단축: 임신 즉시부터 출산 직전까지 2시간 단축 근무
- 지금 만나러 갑니다: 본인과 배우자의 부모님 및 자녀 생일에 2시간 일찍 퇴근하는 제도
- 우아한 아재 근무: 임신한 배우자를 둔 임직원이 산부인과 검진이 있는 날은 재택근무를 할 수 있는 제도

조직은 무엇을 준비해야 하는가

- 우아한 육아 휴가: 남녀 임직원 모두 육아를 위한 1개월 특별 휴가 제도
- 우아한 학부모 휴가: 아이의 주요 행사에 연차 소진 없이 특별 휴가를 쓸 수 있는 제도
- 우아한 수다 타임: 매주 화요일 오후 1시에 김봉진 대표가 참여해 구성원과 질의응답 시간을 갖는 제도
- 자기 성장 도서 지원 제도: 구성원들이 오프라인 서점에서 무제한으로 책을 사서 볼 수 있는 제도

우아한형제들과 해외 기업 사례의 유사점과 차별성을 주목해 볼 필요가 있다. 유사점은 도서 지원 제도와 같이 직원들의 성장을 위한 복지에 힘쓴다는 점이다. 직원들의 성장을 회사의 성장으로 이끌어 서로 간의 시너지를 낼 수 있는 동력으로 만드는 것에 주목해야 한다. 사소한 복지제도에도 정확한 이유가 존재하며, 직원들의 컨디션을 최상으로 만드는 데 집중하고 있음을 잊지 말아야 한다.

반면에 우아한형제들만의 차별성 역시 주목해야 할 부분이다. '우아한 수다 타임'과 '피플팀'은 그들만의 복지제도이다. 즉 회사가 나아가고자 하는 방향성 혹은 브랜딩과 일치하는 복지제도

를 시행한다는 점이다. 직원들은 복지제도를 통해 혜택을 받으면서도 지속적으로 회사의 방향성과 일치되는 활동을 하게 된다. 기분 좋은 동행이 되는 셈이다.

　직원의 복지 혜택은 마냥 그들이 원하는 것을 해주는 것이 아니다. 그들이 최상의 컨디션으로 일할 수 있는 환경을 만드는 것이고, 회사의 방향성과의 일치를 통해 서로 간의 시너지를 낼 수 있도록 해야 한다. 업무에 몰입할 수 있는 환경을 만들기 위한 다양한 직원 복지제도는 직원들을 움직이는 큰 원동력이 될 수 있다. 다만 복지제도를 악용하는 사례나 제대로 시행이 되고 있는지에 대해서는 끊임없이 확인해볼 필요가 있다.

가치와 자부심을 느낄 수 있는
브랜딩을 하라

빠른 속도로 강줄기를 타고 내려가는 래프팅은 보고 있는 이들에게까지 짜릿함을 안겨준다. 거센 물살로 인해 위태위태한 순간들도 있지만, 제대로 된 래프팅은 목적지까지 안전하게 도착한다.

브레이크도 없는 고무보트 하나에 고작 노를 손에 쥐었을 뿐인데, 어쩌면 그렇게 약속이나 한 듯 같은 목적지에 도착할 수 있을까? 그건 아마도 보트 뒤에서 방향을 지시하고 탑승 인원들에게 구호를 넣어주는 배잡이의 리딩leading 덕분일 것이다. 만약 기업을 보트라고 가정한다면 구성원들을 같은 방향으로 이끄는 배잡이의 역할은 무엇일까? 기업의 배잡이는 비전과 가치를 공유할 수 있는 브랜딩일 것이다.

하나의 강한 브랜딩으로 결속된 팀은 강한 물살에도 휩쓸리지 않고 정해진 목적지에 안착할 수 있다. 그렇다면 어떻게 팀원들을 같은 방향으로 이끌 수 있을까? 핵심은 자발적으로 함께 노를 젓도록 만드는 데 있다. 자발성을 독려하기 위해서는 일에 대한 가치를 공유하고 자부심을 느낄 수 있게 해야 한다. 자발적 활동에 기반을 둔 이들은 명령에 의해 움직이는 조직과는 비견될 수 없는 강한 동력을 가진다. 이렇게 강력한 자발적 동기부여는 기업에서 애사심으로 발현될 수 있는데, 그 시작점은 바로 기업 문화이다. 구성원들이 자부심을 느끼며 가치를 공유할 수 있는 기업 문화가 하나의 브랜딩으로 발현된다면, 어떠한 위기 속에서도 목적지까지 순항할 수 있다.

하드코어한 기업 문화, 레드불

스타트업 테크 트렌드 전문 미디어인 '비석세스beSUCCESS'는 에너지 드링크 회사인 레드불Red Bull 본사 방문기를 다루면서 탄탄함을 넘어 무섭기까지 한 그들의 기업 문화를 소개한 바 있다. 레드불의 안내 데스크 직원이 자사의 방문객이 커피를 마시는 모습을 보면서 "그런 쓰레기를 마시다니……"라고 한탄하며 매우 자랑스럽게 그들의 제품 '레드불'을 건네주었다는 것이다. 마음에서 우러나오는 애사심으로 손님에게 시비를 걸면서까지 자사의 제품을 홍보하고 권한 것이다. 회사의 입구에 위치한 안내 데스크 직원을 포함해 전 직원의 몸속에 레드불의 DNA가 흐르고 있음을 알 수 있는 사례이다.[8]

　탄탄한 기업 문화를 바탕으로 성장한 회사의 동력은 명령에 의해 움직이는 조직과는 비견될 수 없는 힘을 지녔다. 위 사례를 통해 강한 조직을 만드는 데 기업 문화가 얼마나 중요한지에 대해서 충분히 공감했을 것이다. 올바른 기업 문화가 필요하다는 것은 누구나 다 알고 있지만 어떻게 해야 하는지에 대해서는 잘 모를 수 있다. 다양한 사례를 통해 기업 문화를 만드는 방법에 대한 실마리를 찾아보자.

일자리 으뜸 기업, 샌드박스

샌드박스는 구글코리아 출신 이필성 대표와 '초통령'으로 불릴 정도로 인기 있는 유튜브 크리에이터 '도티'로 활동하는 나희선 이사가 공동 창업한 MCNMulti Channel Network 기업이다. 2015년

창사 이후 샌드박스는 '직원들의 행복이 회사의 원동력'이라는 모토를 기반으로 꾸준히 복지와 문화에 힘을 쏟고 있다. 신규 고용 창출이 우수하고 워라밸을 실천하는 등 일자리의 양과 질을 선도하는 기업을 표창하는 제도인 2019 일자리 으뜸 기업에 샌드박스가 선정되었다. 이와 같은 쾌거는 2018년 매출액 280억 원을 달성함으로써 전년 대비 2배 이상의 성과를 거두었고, 조직 규모도 108퍼센트 이상 성장했기에 가능했다. 샌드박스의 성장세의 근간에는 그들만의 독특한 기업 문화가 바탕이 되었다.

샌드박스의 기업 문화[9]

〈사명감을 갖게 만드는 오픈 미팅과 다이제스트 제도〉

- 비즈니스에 관한 의견 및 성과를 공유하는 시간을 통해 의미 있는 일을 하고 있음을 인식시키는 '오픈 미팅'
- 2주에 한 번 각 팀의 리더들이 작성한 간략한 업무 브리핑 자료를 전체 직원이 돌려보는 '샌드박스 다이제스트'
- 의견을 자유롭게 펼칠 수 있는 환경을 통해 직원들이 회사의 부속품이 아닌 꼭 필요한 존재로 인식하게 함
- '공유'와 '참여의 독려'로 회사와 직원 사이의 믿음과 사명감으로 발현

조직은 무엇을 준비해야 하는가

〈수평적인 업무, 수직적인 권한과 책임〉

• 승진을 하면서 얻는 성취감, 타이틀을 통해 만드는 자아 정체성을 존중

• 일하는 방식은 수평적으로 하되, 성장함에 따라 그에 맞는 타이틀 부여

〈즐겁게 일할 수 있는 환경: 랜덤 런치, 사내 클럽〉

• 업무에서 만날 수 없는 이들과 커뮤니케이션을 돕는 '랜덤 런치', '사내 클럽'

샌드박스의 기업 문화를 보면 수직적인 조직 문화가 일부 존재하지만 명령과 복종으로 귀결되지 않음을 알 수 있다. 오히려 구성원의 성취에 관한 보상을 통해 공정성을 확보하고, 책임과 권한의 분배를 통해 효율성을 높일 수 있다. 주목해야 할 부분은 각 조직에 맞는 문화를 찾아야 한다는 점이다.

샌드박스의 상승세는 대세를 따르기보다는 조직에 가장 잘 맞는 문화를 스스로 만들어가기 때문일 것이다. 랜덤 런치, 사내 클럽은 구성원이라면 누구나 자유롭게 참여할 수 있다고 한다. 이 두 가지 제도를 통해 샌드박스가 발전시키고자 하는 점은 무엇일까?

회사의 규모가 커질수록 다른 팀 인원들과 마주칠 일은 자연스럽게 줄어든다. 거리가 멀어짐에 따라 서로 간의 협업 빈도 역시 적어지고, 이는 새로운 혁신을 방해하는 요소가 될 수 있다. 따라서 랜덤 런치와 사내 클럽의 활성화를 통해 타 부서와의 자연스러운 협업을 이끌어내고, 상호 간의 이해를 통해 업무 효율을 높이려는 의도로 보인다.

기업을 움직이는 브랜드 팬덤 효과

다음 세 가지 사례는 열성적 '팬덤'을 구축한 브랜드들이다. 자발적으로 형성된 팬은 해당 브랜드(기업)의 홍보·마케팅 활동은 물론, 제품·서비스 개발에까지 관여하며 진화한다. 단순히 제품을 좋아함에 그치지 않고 새로운 '콘텐츠 생산자'이자 '문화 창조자'로서 트렌드를 주도하고, 때로는 기업 평판을 좌우할 정도로 중요한 존재로 부상한다.

팬덤을 가진 브랜드의 이점은 무엇일까? 팬덤은 무한한 애정을 쏟아부으며 위기 상황에서는 대변자가 되어주기도 한다. 이 모든 활동이 자발적 동기에서 일어나며 대중들에게 파급력이 크

할리데이비슨의 'H.O.G'[10]

세계적인 경영 컨설턴트 톰 피터스Tom Peters는 그의 저서 『미래를 경영하라』에서 "할리데이비슨은 오토바이를 팔지 않는다……. 이들은 경험을 판다"고 할 만큼 올드하지만 여전히 사랑받는 브랜드로 평가했다. 1983년에 만들어진 '호그(H.O.G)'라는 글로벌 팬클럽은 현재까지 그 명맥을 이어가고 있다. 그들은 단순히 오토바이를 타는 데 그치지 않고 해마다 재미있는 이벤트를 열거나 투어를 하는 등 자발적인 활동을 지속하고 있다.

배달의민족의 '배짱이'[11]

배짱이는 '배달의민족을 짱 좋아하는 이들의 모임'으로 우아한형제들의 배달 서비스 '배달의민족' 팬클럽이다. 2016년 첫 흑자 달성에 전국 각지 흙을 한 삽씩 퍼내 씨앗을 심고 자를 꽂아 '흙에 자'를 꽂은 첫 흑자 축하 선물을 보내기도 했다. 또한, 신사옥으로 이전했을 때 '배짱이의 난' 프로젝트를 진행하여 축하 난을 전달하는 등 든든한 후원자로 활동하고 있다. 이러한 배경에는 배달의민족 특유의 감성이 20~30대를 저격하며 독보적인 브랜딩으로 젊은 세대 사이에서 폭발적 인기를 끌었다는 점을 꼽는다.

오뚜기의 '오뚜기해적선'[12]

전통 있는 브랜드 오뚜기는 최근 '갓뚜기'라고 불리며 소비자들에게 좋은 평가를 받고 있다. 최근에는 여기서 한발 더 나아가 오뚜기 브랜드를 좋아하는 젊은 세대를 공략한 온라인 공간을 만들어 화제가 되고 있다. 이는 '오뚜기해적단'이라는 인스타그램 비공개 계정인데, 단 8,888명만이 함께할 수 있는 공간이다. 오뚜기는 전통 있는 브랜드가 시도하는 젊은 소통 방식으로서 팬들과 오랫동안 관계를 유지하기 위해 노력하고 있다.

다. 기업에서는 그들의 홍보로 인해 긍정적인 이미지를 그 어떠한 홍보 수단보다 강력하게 전달할 수 있다. 이를 통해 매력적인 회사로 부각되어 좋은 인재들이 많이 지원할 수 있는 동기로 작용할 수 있음을 뜻한다. 또한 팬덤을 통해 받은 피드백이나 아이디어가 회사의 발전에 큰 도움이 될 수 있다는 것도 큰 이점이다.

팬덤은 단순히 제품이 좋다고 형성되는 것은 아니다. 가치와 철학이 있어야 하며, 팬들과 함께 브랜드를 만들어가는 지속적인 관계 형성이 필요하다. 팬이 브랜드 안에서 성취감을 느낄 수 있게 상호 교류를 해야 한다. 이러한 과정에서 주목해야 할 부분은 해당 브랜드의 내부 직원이다. 팬덤을 보유한 기업(브랜딩)의 일원으로 활약하는 그 자체로도 가치와 자부심이 생길 수 있다. 구성원들과 팬이 서로 간의 상승기류를 일으킬 수 있다는 것도 장점이다. 특히 이들을 움직이는 동력이 자발성을 띠고 있기 때문에 시너지 효과는 배가될 것이다. 어쩌면 소풍가는 배짱이들에게 김봉진 대표가 직접 김밥을 싸주는 것이 서비스 자체를 홍보하는 것보다 회사 내외부적으로 더 큰 파급효과를 가져올 수도 있지 않을까.

다양성과 소속감을 강조하는 에어비엔비

"누구나 어디에서든 소속감을 느낄 수 있는 세상을 만든다"라는 미션을 가지고 있는 에어비엔비Airbnb가 글로벌 다양성 및 소속감 부문Global diversity and belonging을 신설했다. 다양한 구성원 없이는 이 미션을 달성하는 것이 불가능하다고 판단했기 때문이다. 이 부문 총괄책임으로 부임한 멜리사 토머스헌트Melissa Thomas-Hunt는 "우리는 다양성과 소속감 측면에서 글로벌 리더로 자리매김하기를 원한다. 이는 추구해야 할 올바른 일이기도 하지만, 기업 미션의 핵심 요소이기 때문이다"라며, "우리가 원하는 영향을 세계에 전하기 위해 우리는 내부의 벽을 무너뜨리는 것부터 시작해 모든 직원이 소속감을 느낄 수 있도록 할 것이다"라고 밝혔다.[13]

기업의 가치와 비전을 중시하는 밀레니얼 세대에게 있어 에어비앤비의 사례가 주는 시사점은 무엇일까? 우선, 다양성 및 소속감 부문에 전문가를 선임한 것이 에어비앤비의 "누구나 어디에서든 소속감을 느낄 수 있는 세상을 만든다"는 미션에 부합하는 활동이라는 점을 눈여겨봐야 한다.

대부분의 조직에서 미션은 고객에게 달성해야 하는 목표로서만 규정하는 경우가 적지 않다. 물론, 완전히 틀린 말은 아니다. 하지만 미션을 세상에 전달하는 일의 시작은 조직 내부의 구성원이 해야 함을 잊어서는 안 된다. 그렇기에 기업의 미션에 대한 가치를 구성원들이 납득할 수 있도록 충분한 시간을 두고 설명해줄 필요가 있다.

에어비앤비의 최근 행보는 기업의 미션을 구성원들에게 가장 효과적으로 전달하는 대표적인 사례이다. 또한 구성원에게 가장 먼저 해당 미션을 달성하도록 지원함으로써 조직에 대한 신뢰감을 형성할 수 있다. 게다가 조직원들 본인이 하는 일에 가치와 의미를 찾게 됨에 따라 그 어떤 것보다 강한 자발적 동기를 불러일으킬 수 있다. 자발적 동기로 인한 활동이 자부심으로도 발전한다면, 강력한 조직 체계를 갖춘 기업으로 변모할 수 있을 것이다.

세대를 뛰어넘는 리더십이 중요하다

　세계 최강 특수부대 네이비씰 출신 저자의 책『네이비씰 승리의 기술』을 보면, 시대가 지나도 항상 최고의 성과를 달성하는 노하우의 중심에 리더가 있음을 알 수 있다. 네이비씰의 대원이 되기 위해서는 24개월의 혹독한 훈련을 마쳐야 하는데, 특히 수중 폭파 훈련이 초고강도 프로그램으로 정평이 나 있다고 한다.

　어느 날 매번 꼴찌를 하는 조와 1등을 하는 조의 조장을 바꿔 경주를 진행하자 기적 같은 반전이 일어났다. 꼴찌 조가 단번에 선두로 치고 올라온 것이다. 매번 우승하던 조는 여전히 잘했지만 아깝게 지고 말았다. 그 배경에는 조장의 '극한의 오너십'이 있었다. 아무도 비난하지 않고 변명하지 않는 대신, 승리할 수 있도록 믿으며 팀을 하나로 끌어모아 전력을 다하게 했다.

반면에 원래 꼴찌 팀을 이끌었던 조장은 성적에 대한 끊임없는 핑계로 팀이 반성하고 나아질 방법을 찾는 일을 게을리했다. 저자는 이 사례를 통해 나쁜 팀은 없으며, 오직 나쁜 리더만 있을 뿐이라는 사실을 알려주었다.

조직에서 세대 간의 갈등으로 힘든 나날을 보내고 있다면, 네이비씰의 사례를 상기해보는 건 어떨까? 과연 그 갈등의 원인이 세대 차이였는지, 혹은 본인의 오너십 부족이었는지. 물론, 시대의 흐름과 새로운 세대들의 특징을 파악한다면 조직을 이끄는 데 큰 힘이 될 것이다. 그러나 그것은 좋은 무기를 가진 것일 뿐 본질적인 해결책은 아니다. 결국 좋은 리더가 되는 것이 먼저다. 그렇다면 시대를 뛰어넘는 훌륭한 리더십에는 어떤 것이 있을까? 여러 리더의 사례들을 통해 좀 더 자세히 알아보자.

군더더기 버리기

뿌리 깊은 선후배 관계를 없앤 히딩크

2002년 월드컵 대표팀을 맡았던 히딩크Guus Hiddink 감독은 그라운드에서 선수들 간의 존댓말 문화를 없앴다. 감독으로서 이러한

조직은 무엇을 준비해야 하는가

결정을 내리게 된 이유는 축구라는 스포츠 자체의 특성 때문이었다. 축구는 팀 스포츠이다. 그렇기에 상호 간 소통의 영역에서 창조적인 플레이가 나온다.

선후배 관계에서 오는 존중이 팀워크에 악영향을 끼치는 것은 아니지만, 선배를 의식하는 문화에서 비롯되는 경직된 플레이는 자칫 창조성을 해칠 위험이 있다. 또한 찰나의 순간에 승부가 결정나는 종목으로서 존댓말은 불필요한 커뮤니케이션이 될 수 있다. 가령 찬스가 생겼을 때 "선배님"이라는 세 글자를 외치는 순간 골을 뺏길 수도 있다. 그 시간에 이름을 부른다거나 추임새로 자주 쓰는 "헤이!"라거나, 이렇게 간결하게 서로를 불러준다면 짧은 시간에 효율적으로 소통할 수 있을 것이다. 서로 간의 존중은 필요하나 경기 중의 존댓말처럼 불필요한 것으로 생각되면 히딩크 감독은 대표팀 문화에서 그것을 과감히 없앴다.

경기 중에는 반말로 의사소통을 하라고 요구한 것 외에도 선배가 후배에게 일방적으로 지시하는 것을 경계했다. 그뿐만 아니라 젊은 선수들이 전술 훈련이나 경기 시 고참 선수들과 자주 소통을 하도록 요구했다. 식사를 할 때도 선후배가 섞여 앉아 먹도록 했고, 마사지를 받을 때도 선배가 우선이 아니라 도착하는 순서대로 받도록 했다. 히딩크 감독이 팀 문화에 해가 되지 않는 선에서 불필요한 문화나 제도를 모두 없앤 건 선수들이 경기에만 몰입할 수 있는 환경을 만들어주기 위해서였다.

확실한 업무 지시

피를로를 제어한 박지성의 비밀

이탈리아의 명문 구단 AC밀란은 2009/2010 시즌 유럽축구연맹 UEFA 챔피언스리그 16강전에서 맨체스터 유나이티드와 격돌했다. 당시 AC밀란에는 최후방 빌드업과 창의적 패스의 달인, 피를로Andrea Pirlo라는 세계적인 선수가 있었다. 피를로가 곧 AC밀란의 중심이라고 해도 과언이 아니었다. 여러 감독이 다양한 전술로 AC밀란을, 그리고 피를로를 막기 위해 노력했지만 번번이 수포로 돌아갔다.

세계적인 명장 맨체스터 유나이티드의 알렉스 퍼거슨Alex Ferguson 감독은 피를로를 막기 위한 묘수를 궁리해냈다. 그것은 바로 16강 2차전에서 박지성에게 피를로를 맨마킹하도록 한 것이었다. 전방에서 박지성의 압박은 거셌고 AC밀란의 빌드업을 제어했다. 멋지고 화려한 전술은 아니었지만 박지성의 장점을 가

조직은 무엇을 준비해야 하는가

장 잘 활용한 전략이었고, 결론적으로 팀의 승리를 이끌었다. 감독이 팀 내 선수들의 특성을 명확히 간파하고 필드에 나가서 이행할 확실한 역할을 부여해주었기에 시너지가 날 수밖에 없었다. 이처럼 개인의 특성에 맞춘 명확한 업무 지시는 구성원이 흔들리지 않고 목표를 달성하는 데 큰 도움을 준다.

선수의 심리를 활용한 퍼거슨 감독

때로는 백 마디의 어려운 말보다 한마디의 임팩트가 강한 말이 효과적일 때가 종종 있다. 특히 현대 축구에서는 팀 전술의 중요도가 높아짐에 따라 아주 복잡한 전략 지시가 내려지곤 한다. 최고 기량을 가진 선수들은 축구 스킬은 기본이고, 이제는 팀 전술까지 잘 이해할 수 있어야만 한다. 헤아릴 수 없는 다양한 전술이 쏟아지는 축구판에서 생각할 거리가 많아진 선수들은 어떤 플레이를 해야 할지 헷갈리거나 혼란스러울 때가 있다.

이러한 선수들의 생각을 잘 알고 있는 퍼거슨 감독은 결코 어려운 말로 선수들에게 지시를 내리지 않는다. 대부분의 경기 전 팀 토크에서 그는 "자, 나가서 경기를 즐겨라"라고 짧은 코멘트로 일관한다. 부담감에 혼란스러웠던 선수들은 그의 이 한마디에 사기가 충전되어 경기에 나가곤 했다.

그뿐만 아니라 선수 개개인에 대해서도 퍼거슨 감독의 업무 지시 능력은 탁월했다. 당대 최고의 센터백이었던 퍼디낸드Rio Ferdinand에게 상대편 공격수를 저지하는 임무를 좀 더 임팩트 있게 주기 위해 퍼거슨 감독은 경기 직전에 그를 따로 불렀다.

"언론에 나온 건 아닌데…… 벨라미가 마크 휴즈한테 그랬대. 왜 둘이 친하잖아? 솔직히 리오 퍼디낸드 별거 없다고."

퍼거슨 감독은 고자질하듯 그를 자극했고, 경기에 출전한 퍼디낸드는 상대편인 벨라미Craig Bellamy를 철저히 봉쇄했다. 어려운 말로 지시하는 것보다 각 선수의 심리를 이용해 명확한 역할을 부여하는 게 좀 더 효과적일 수 있음을 보여준다.

이 외에도 퍼거슨 감독은 상대편 에이스의 움직임을 간파하고, 그들을 막는 묘책을 최대한 간결하고 임팩트 있게 설명했다.

"저 팀 패스의 시작은 파브레가스Cesc Fabregas다. 가서 애 잡고 작살내. 우리가 공 잡으면 그곳을 기점으로 역습이다. 마지막으로, 저 팀 무조건 박스 근처에서 원투 친다. 공 주고 나가는 놈을 무조건 잡고 마크해!"

이러한 지시 이후 공 주고 빈 곳으로 나가는 선수를 철저히 마크했고, 공을 뺏는 순간 빠른 역습으로 상대를 공략했다. 짧은 순간 선수들이 집중해야 하는 포인트에 맞춰 확실한 역할을 부여

조직은 무엇을 준비해야 하는가

한 것이다. 단순히 지시만 내린 것이 아니라 그 안에서 선수들을 움직일 심리적 동기를 부여하여 그 효과를 배가시켰다. 조직에서 관리자는 구성원들에게 복잡한 상황을 전달해야 할 때가 종종 있다. 그럴 때일수록 퍼거슨 감독처럼 팀과 개개인의 특성에 맞춰 확실한 업무 지시를 내린다면 분명 좋은 결과를 얻을 수 있을 것이다.[14]

원팀을 만드는 원칙과 공평함

퍼거슨의 원칙

알렉스 퍼거슨 감독은 선수들이 축구 외에 다른 데 관심을 두는 모습을 참지 못하는 것으로 유명했다. 선수들의 사생활을 과도하게 통제하기도 하고, 성에 차지 않는 플레이를 보면 머리카락이 날릴 정도로 소리를 질러대기도 했다. 그 덕분에 '헤어드라이어'라는 별명이 붙었다. 당대 최고의 선수들도 팀워크를 해치면 주저 없이 팔아버리는 그의 리더십은 '착한 리더십'과는 거리가 멀었다. 그럼에도 불구하고 재임 기간 동안 13회의 리그 우승을 포함해 49개의 우승 트로피를 받을 정도로 성과 면에서는 타의 추

종을 불허한다.

그 비결에 대하여 전문가들은 우수한 선수가 될 재목을 알아보는 퍼거슨의 안목과 빠른 변화 대응력이 한몫했다고 말하기도 한다. 유럽 리그에서는 신인과 다름없는 박지성을 스카우트하고, 10대의 호날두Cristiano Ronaldo와 루니Wayne Rooney를 발굴하여 글로벌 축구 스타로 키워냈다. 눈에 불을 켜고 선수 스카우트에 돈을 쏟아붓는 감독들과는 차원이 달랐다.

퍼거슨의 리더십을 연구해온 하버드 대학교 경영대학원 애니타 엘버스Anita Elberse 교수는 그에 대하여 "항상 팀이 정상에 올랐을 때 그 팀을 해체하고 새로운 팀을 만들었다"면서 퍼거슨이 맨유에 재임하는 기간에 각기 다른 특색을 가진 4~5개의 팀이 있었다며, 그의 치밀한 준비성에 높은 점수를 주기도 했다.[15]

퍼거슨은 원팀을 만들기 위해 철저한 원칙을 고수했다. 그 원칙에서 벗어나는 이들은 아무리 스타플레이어라도 과감히 내쳤다. 반면에 선수 육성이나 스카우트의 영역에서는 철저히 실력과 맨유에 걸맞는 태도를 지녔는지를 보고 인재를 등용했다. 이러한 일관성 있는 행동은 선수들에게 무한한 신뢰를 가져다주었다. 그리고 누구나 열심히 하여 성과를 낸다면 주전이 될 수 있는 공평한 환경을 만들고, 원칙을 통해 조직을 운영함으로써 구성원들을 원팀으로 만들 수 있었던 것이다.

개인별 동기부여

호마리우와 안정환을 최고의 선수로 만든 히딩크의 묘수

호마리우Romario de Souza Faria는 1989~1990시즌 히딩크가 감독으로 부임한 PSV 아인트호벤의 에이스 공격수이다. 타고난 재능을 갖춘 천재였지만 너무나 게으른 모습을 보이곤 했다. 아인트호벤이 강팀 부쿠레슈티와의 유럽리그 2차전 홈경기를 일주일 앞둔 어느 날이었다. 1차전에서 패했기 때문에 2차전은 반드시 이겨야만 할 상황이었다. 그런데도 호마리우는 천하태평으로 술을 먹고, 파티에 가며, 연습을 등한시했다. 그뿐만 아니라 10시 집합 명령을 내렸음에도 9시 59분에 나타나 팀 분위기를 해치는 얄미운 행동을 일삼았다.

이에 히딩크 감독은 한 가지 묘수를 생각해냈다. 본인의 시계를 3분 앞당겨 놓고 12시에 라인업 회의를 통지한 것이다. 회의 당일 11시 57분이 되자 12시인 것처럼 라인업 회의를 시작했다. 호마리우는 천연덕스럽게 11시 59분에 왔다. 이때 히딩크는 3분

빠른 본인의 시계를 호마리우에게 보여주며 지각하는 선수는 필요 없다는 말과 함께 선수들 앞에서 그를 내쫓았다. 그날 밤 팀은 호마리우 없이 리그전에서 2대 0으로 승리했다. 그날 이후 히딩크는 3일 동안 호마리우와 한마디도 하지 않았다. 호마리우는 히딩크의 무시에 굴욕감을 느꼈고, 경기에 출전하지 못한 것 때문에 단단히 화가 났다.

며칠 후 부쿠레슈티와의 2차전 당일 히딩크는 아무 말 없이 호마리우를 선발 명단에 넣었다. 호마리우는 보란 듯이 전반 25분 만에 세 골을 터뜨렸다. 그의 활약으로 아인트호벤은 승리를 거두었고, 히딩크와 호마리우는 다시 손을 붙잡을 수 있었다. 호마리우와 히딩크가 원했던 것은 결국 같았기 때문이다. 2년 후 호마리우는 세계적인 선수가 되어 명문 FC 바르셀로나로 이적했다.

안정환 역시 호마리우처럼 화려한 플레이 스타일로 보는 이들에게 매력을 느끼게 하는 선수였다. 하지만 히딩크가 안정환을 처음 보았을 때 그는 운동선수라기보다 연예 스타로 보였다. 그의 플레이를 좋아했지만 그를 좀 더 제대로 된 축구 선수로서 우리 팀의 일원으로 만들고 싶었다. 자존심이 매우 강한 안정환의 성격을 잘 아는 히딩크는 그가 자극을 받으면 즉각 반응한다는 사실을 깨달았다.

히딩크는 일부러 안정환에게 한국에서는 스타일지 모르나 페루자에서는 후보 선수에 불가하다며 그를 비꼬았다. 또한 대표팀에서도 제외시키며 그를 자극했다. 안정환은 히딩크의 말에 반응했고, 그럴 때마다 발전했다. 이러한 히딩크의 혹독한 가르침 속에 안정환은 비약적으로 성장했고, 대망의 이탈리아전에서 천금 같은 결승 골을 넣을 수 있었다.[16]

박지성을 바꾼 히딩크의 한마디

대기업 프로축구단 테스트에서 번번이 고배를 마시고 우여곡절 끝에 명지대학교에 진학한 박지성. 평범한 외모에 내성적 성격이라 스타성마저도 없던 그를 프로축구단에서 탐내지 않는 것은 당연한 일이었다. 그런데도 박지성은 포기하지 않고 항상 매 경기마다 최선을 다했다.

시간이 흘러 박지성은 일본 교토 퍼플 상가로 스카우트되었고, 월드컵 평가전에도 발탁되어 종종 투입되었다. 하지만 일본에서 활동했던 탓에 국내 선수 중에 가깝게 지내는 동료도 딱히 없었고, 히딩크 감독의 작전 지시나 전략은 지금껏 자신이 알고 있던 축구와는 또 다른 세계라 따라가기가 쉽지 않았다.

그러던 어느 날 박지성은 왼쪽 다리에 부상을 입어 시합에 나

가지 못한 채 텅 빈 탈의실에 혼자 남아 있었다. 잘할 수 있는 기회를 놓쳐 낙담하던 차에 갑자기 히딩크 감독이 통역관을 대동하고 나타났다. 그러고는 성큼성큼 다가오더니 통역관을 통해 박지성 선수에게 다음과 같은 말 한마디를 남기고 돌연 사라졌다.

"박지성 씨는 정신력이 훌륭합니다. 그런 정신력이면 반드시 훌륭한 선수가 될 수 있을 겁니다."

그날 이후 박지성은 월드컵 내내 히딩크 감독의 한마디 말을 기억하며 경기에 임했다. 그 결과 박지성은 대한민국을 4강에 올렸고, 이후 맨체스터 유나이티드의 선수가 되었다.[17]

부적응 병사를 최고의 포수로 만든 용 중사의 한마디

강원 모 사단에 입대한 이 군은 특별한 신체적 능력도 없었고, 외향적인 성격도 아니었다. 혹독한 추위 속에서 강도 높은 훈련을 받아야만 했던 부대의 특성상 그는 그러한 부대의 환경에 적응하기가 매우 어려웠다. 이 군에게 주어진 주특기는 박격포였는데, 엄청나게 추운 한겨울에 박격포를 쏜다는 것은 극한의 고통으로 다가왔다. 더군다나 박격포를 다루기 위해서는 매우 섬세한 기술도 필요했다.

기술을 익히는 것도 쉽지 않은데 추위까지……. 그에게 군 생활은 하루하루가 지옥 같았다. 항상 슬로 스타터slow starter였던 그는 소대에서 꼴찌를 도맡아했다. 그로 인해 선임병들에게 구타를 당하기도 했고, 눈물이 찔끔 나올 정도로 욕을 먹기도 했다. 몸도 힘든데 정신적인 고통까지 견뎌내느라 이 군은 점점 활기를 잃어갔다. 그럴 때마다 부소대장인 용 중사가 나타나 이 군을 웃게 해주었다. 무엇보다도 그는 이 군이 누구보다도 열심히 훈련한다는 사실을 잘 알고 있었다. 그래서 실수가 있더라도 최대한 기회를 주려 했고, 직접적인 독려를 하지는 않았지만 분위기를 좋게 해주려고 장난을 쳤다.

이 군은 차차 부대에 적응하게 되었고, 타 소대에 파견까지 갈 정도로 밝은 성격으로 변했다. 계급이 올라가도 이 군은 박격포 연습을 멈추지 않았다. 다른 선임병들이나 동기들은 도움도 되지 않는 주특기를 뭣 하러 그렇게 열심히 연습하느냐고 했다. 사실 이 군이 그렇게 열심히 하는 이유는 용 중사에게 보답을 하고 싶었기 때문이다. 남들에 비해 엄청난 발전은 아니었지만 스스로 만족할 만큼 포수의 능력이 향상되었다. 더뎠지만 이 군은 다른 병사들보다 두 배는 열심히 했고, 결국 포수라는 직책에서 어느 정도 성과를 거둘 수 있게 되었다.

단 한 번도 직접적인 칭찬을 하지 않았던 용 중사는 주특기 훈련을 하던 중 이 군에게 한마디를 했다. 이 정도 할 수 있는 사람은 대한민국에 몇 없으니 자부심을 가져도 된다고. 이 군은 그 어떤 말보다 감동을 받았고, 군 생활 내내 잊을 수 없었다. 그는 전역하는 그날까지 손이 부르트도록 주특기를 연습했고, 용 중사의 한마디 덕에 무사히 전역할 수 있었다.

맨체스터 유나이티드의 퍼거슨 감독은 추가 시간마다 손목시계를 손으로 툭툭 치면서 심판들과 상대 선수들을 긴장하게 만들곤 했다. 일명 '퍼기 타임'으로 불리는 그의 이러한 행동은 경기 막판에 선수들에게 동기부여를 해서 극적 골을 넣게 만든다. 그래서인지 맨유는 다른 팀보다 극적인 승리를 거두는 일이 유난히 많았다.

퍼거슨 감독은 선수들이 가장 포기하고 싶을 때가 언제인지 잘 알고 있었다. 그래서 추가 시간에 승리에 대한 갈망을 드러내며 선수들을 자극한 것이다. 이처럼 팀을 하나로 이끄는 동기부여는 놀라운 결과를 보일 때가 적지 않다. 그렇기에 조직의 구성원들에게 동기부여를 하는 것은 그 어떠한 전략적 지시보다 중요하다.

하지만 좀 더 위대한 팀을 만들고자 한다면 개개인에 대한 동

조직은 무엇을 준비해야 하는가

기부여를 놓쳐서는 안 된다. 조직의 구성원들은 각자 개성이 있다. 어떤 이에게는 채찍이, 어떤 이에게는 당근이 더 강한 자극이 될 수 있다. 그렇기에 좋은 리더가 되기 위해서는 구성원들의 성향을 명확히 파악하고, 그에 맞춰 동기부여를 해야만 한다.

변한 건 시대, 변하지 않는 것은 사람

산업화 시대를 지나 민주화를 이끈 청년들의 헌신으로 말미암 아 1990년대에는 경제적, 문화적 부흥기를 맞이했다. 세계화의 흐름이 확대되었고, PC통신의 등장으로 시작된 정보화의 물결 로 인해 새로운 시대가 도래했다. 워크맨과 삐삐가 유행하며 물 질적인 풍요로 가득했던 당시 젊은이들 사이에는 '나', '개인의 권리', '개성'을 중시하는 풍조가 만연했다. 기성세대들은 그들의 행보가 좀처럼 이해되지 않았다. 그들은 도무지 정체를 알 수 없 는 세대라는 의미에서 '미지수'를 뜻하는 X세대로 불리기 시작했 다. '서태지와 아이들'이 등장할 때도 기성세대들은 "이해할 수 없다"는 반응이 지배적이었으나 X세대는 열렬한 지지를 보냈다. 〈교실 이데아〉를 부르며 현 정부의 교육 실태를 비난하기도 하고, 〈컴백홈〉을 부르며 가출 청소년들이 집으로 귀환할 수 있도록 하기도 했다. 대부분의 기성세대들은 그들을 개인주의적 성향이 강한 유별난 세대로 바라보았다.

X세대 김 과장과 Z세대 김 사원은 닮았다

1990년대 중반, 쫄티에 힙합바지를 입고 링 귀걸이를 장착한 김지한이라는 청년이 있었다. 대학 졸업 후 어렵지 않게 원하는 회사에 입사하여 첫 커리어를 순탄하게 시작했다. 입사 후에는 눈치도 보며 조용히 회사를 다녔다. 그렇게 별일 없을 것만 같았던 그의 회사 생활은 단 한 번의 행동으로 인해서 180도 바뀌었다.

어느 날 팀장이 그에게 고객 실태에 관한 조사 업무를 지시했다. 그는 망설임 없이 전자메일로 팀장에게 5줄 남짓 조사한 것을 보냈다. 물론, 그는 결론을 내기 위해 나름대로 많은 노력을 했다. 하지만 당시에는 메일로 업무를 주고받는 방식이 100퍼센트 정착되지 않았으며, 직접 대면해서 한 번 더 보고를 하는 게 암묵적으로 합의된 업무 방식이었다. 그의 파격적인 행보에 결국 팀장에게 소환되었고, 그는 눈물이 핑 돌 정도로 사람들 앞에서 면박을 받았다.

그랬던 그가 시간이 흘러 어느덧 과장이 되었다. 최근 그는 신입으로 들어온 김 사원의 행동에 적잖이 당황한 적이 있다. 김 과장이 그랬던 것처럼 김 사원에게도 리서치 업무가 맡겨졌다. 그는 당당하게 카톡으로 링크 몇 개와 코멘트 몇 자를 남겨 보고하고 7시에 정시 퇴근을 했다.

카톡을 본 김 과장은 너무 어이가 없어 화도 나지 않았다. 무슨 마음으로 이랬는지, 어디서부터 무엇을 가르쳐야 하는지 막막했다. 다음 날 출근한 김 사원을 불러 왜 그랬는지 물어보았다. 그는 보고가 아니라 의견을 여쭤보고 싶어서 카톡을 보냈다고 말했다. 김 사원의 이야기가 끝나기도 전에 가슴에 쌓인 분노로 인해 결국 화를 내고 말았다.

김 사원은 그 일 이후 얼마 지나지 않아 퇴사했다. 김 과장은 꼰대가 된 것 같은 자괴감이 들었지만 내심 억울한 마음도 있었다. 오히려 그날 이후 김 과장의 마음속에 밀레니얼은 열정이 부족하고 끈기가 없는 세대로 낙인이 찍혔다. 그가 일부러 그런 것은 아니지만 한번 썬 프레임을 좀처럼 타파하기 힘들었다. 그럴

수록 점점 밀레니얼 세대와 거리가 벌어졌고, 어느 순간 회사에서 불통의 대명사가 되었다. 하지만 생각보다 마음이 심란하거나 힘들지는 않았다. '쟤네는 다 저래'라고 생각하니 편했다.

어느 날 문득 김 과장은 퇴근길에 본인의 신입사원 시절이 떠올랐다. 그때 그 시절 김 과장 역시 카톡에서 메일로만 바뀌었지 똑같은 행동을 했었다는 사실을 뒤늦게 깨달은 것이다. 김 과장은 김 사원에게 다그쳤던 본인의 모습이 처음으로 부끄러워졌다. 진심으로 그의 말을 들어줄 준비가 되어 있었는지 의문도 생겼다. 돌이켜보니 김 사원이 어떤 이야기를 해도 화를 냈을 것 같다. 단 한 번도 김 사원의 의견을 듣고 함께하려는 시도를 해본 적도 없었다. 김 과장은 커피를 한 모금 마시며, 그때 그 시절 X세대와 밀레니얼 세대는 묘하게 닮은 부분이 많은데 왜 이제는 그들과 함께하는 것이 힘든지 아이러니하다고 말했다.

갈등의 시작이 김 사원의 카톡이었다면, 그 원인은 김 과장의 태도가 아니었을까. 다시 한번 그 상황으로 돌아가보더라도 김 사원이 어떤 대답을 하든 김 과장은 화를 냈을 것이다. 주말 내내 김 사원에 대한 감정으로 꽉 차 있어 어떤 이야기도 귀에 들어오지 않았을 것이기 때문이다. 물론, 김 사원이 퉁명스럽거나 무성의한 태도로 이야기했을 수도 있다. 하지만 우리는 이 사건을 누군가의 잘잘못으로만 따져서는 안 된다. 기억해야 할 것이 있다면, 개인의 갈등이 아닌 조직 내에서 일어난 일이라는 점이다.

개인 대 개인의 다툼이었다면 싸울 수도 있고, 사이가 좋지 않다면 서로 안 보면 그만이다. 그러나 조직 안에서의 다툼은 다른 구성원들에게 악영향을 끼칠 수 있다. 또한 조직이 건강해지기 위해 갈등의 원인을 객관적으로 분석하고, 개인으로서 혹은 시스템으로서 개선할 수 있는 방향으로 결론이 나야만 한다. 그런 의미에서 김 과장의 행동은 해결을 위한 태도였다기보다 개인의 감정을 배출하는 것에 지나지 않았다.

만약 정말로 김 사원이 김 과장에게 좋지 못한 태도로 이야기했다면 어땠을까? 김 과장의 입장에서 기분이 좋지 않았을 테고, 강한 어조로 김 사원에게 경고를 할 수 있었을 것이다. 이때 중요한 점은 어떤 행동을 해야 한다고 정의를 내리는 것보다 해결을 위한 객관적 태도를 유지하는 것이다. 좀 더 쉽게 설명하자면, 김 사원의 잘못을 지적하되 어떠한 이유인지는 분명히 밝혀둘 필요가 있다는 것이다. 더불어 앞으로 이 문제를 어떻게 해결해야 할지 조직의 시스템이나 구성원의 성격에 맞게 해결책을 제시해야 한다.

다시 한번 사건으로 돌아가보면, 김 과장은 김 사원에게 이러한 이유와 해결책 그 어느 것도 제시하지 않았다. 화만 내고 이별을 고했던 것은 지극히 개인적인 감정이 앞선 것으로, 관리자로서 조직에 조금도 도움이 되지 않았다. 회사라는 조직은 본질적으로 이익집단이라는 것을 잊지 말아야 한다. 이익을 낸다는 것은 갈등이 문제가 아니라, 원인을 명확히 파악하고 어떻게 개선해나가느냐가 더 중요하다는 의미다.

이번 사건을 다시 회고했을 때 김 과장이 김 사원을 대하는 태도보다 더 잘못된 점은 사후의 행동이다. 일이 끝난 후에도 그는 객관적으로 갈등을 바라보지 못했고, 본인이 개선해야 할 부분에 대한 해답을 얻고자 하지 않았다. 스스로에 대한 객관적 메타인지 부족으로 볼 수 있다. 그가 놓쳤던 점을 분석해보면 크게 세 가지로 정리할 수 있다.

첫째, 문제의 상황을 조직의 시스템적 관점으로 보지 못했다.

김 과장의 그때 그 시절 메일 사건을 돌이켜볼 때 아무도 그에게 보고 체계에 대해서 가르쳐준 사람이 없었다. 잘한 행동은 아니었지만 몰라서 그랬을 수도 있다. 돌이켜보면 김 사원 역시 아무도 그에게 보고 체계에 관해 알려준 사람이 없었을 수도 있다. 또한 근본적으로 신입사원에 대한 조직의 교육 체계가 제대로 갖추어져 있지 않을 수도 있다.

김 과장은 이번 사건 이후 본인의 과거는 까맣게 잊은 채 김 사원의 자질에 대해서만 불만을 가졌다. 머릿속엔 그에 대한 서운함으로 가득 차 조직의 시스템에 대해서 생각하지 못했다. 단순한 감정싸움으로 치부할 것이 아니라, 좀 더 생산적인 방향으로 생각해봤으면 어땠을까? 오히려 이번 사건으로 인해 조직의 보고 체계를 다시 한번 점검해볼 수 있고, 신입사원을 위한 교육제도를 개편해볼 수도 있었을 것이다. 그랬다면 이번 갈등으로 회사는 좀 더 건강한 시스템을 갖출 수 있고, 똑같은 갈등을 반복하지 않을 수도 있을 것이다.

둘째, 과거의 경험이 고정관념이 되었다.

김 과장은 김 사원의 퇴사 후 밀레니얼 세대들은 열정이 부족하고 끈기가 없다는 고정관념을 스스로 만들어냈다. 김 사원과 비슷한 또래의 직원이 작은 실수를 범하자, 어김없이 김 과장은 끈기가 없고 열정이 부족하다고 치부했다. 시간이 지날수록 그의 프레임은 빠져나갈 수 없는 강력한 관념이 되었다. 본인이 경험했던 일을 객관적으로 살펴보지 못한 채 전체를 싸잡아 판단하고, 그것이 곧 진리가 되어버린 것이다. 이러한 그의 프레임은 점점 확장되어 문제에 대한 본질을 파악하는 능력을 약화시켰다. 다각도로 사고할 수 없게 된 그는 누구의 말도 듣지 않았다. 구성원들에 대한 믿음도 점점 약해지고, 결국 조직에서 불통의 대명사가 되었다. 이렇게 우리가 겪었던 경험을 본인만의 프레임에 가둬 생각한다면 자신의 경쟁력을 잃는 상황이 발생할 수 있다.

마지막으로 사람을 사람으로 대하지 않았다.

김 과장은 김 사원이 잘못한 부분만 생각했지 그의 성격이 어떠했는지, 그가 왜 그랬는지 한 번도 생각하지 않았다. 조직에서의 일도 결국 사람과 사람이 만나서 이루어지는 일련의 과정이다. 우리는 룰 안에서 행동하지만 그렇다고 로봇은 아니다. 모두 다 똑같은 사람은 아니라는 것이다. 어떤 이에게는 강력한 경고를 해야 하지만, 또 어떤 이에게는 룰에서 벗어나지 않는 작은 실수라면 용서해주고 동기부여를 해줘야 한다. 조직의 큰 룰 안에서는 그에 맞는 행동을 해야 한다. 저마다 성격이 다르고 처한 상황도 다르다. 결코 1 + 1 = 2인 수학 방정식이 아니다. 김 과장 역시 김 사원의 성격과 상황에 따라 적절히 행동했다면 어땠을까? 어쩌면 이번 갈등이 헤어짐이 아닌 좀 더 가까워지는 계기가 되었을 수도 있다.

김 과장이 김 사원을 이해하지 못했던 것은 나무만 보고 숲을 보지 못했기 때문은 아닐까? 미움이라는 감정에 싸여 상황을 객관적으로 바라보지 못했고, 이는 그의 사고가 근시안적으로 좁아지는 계기가 되었다. 그는 자신이 만든 프레임에 갇혀 다시는 돌이켜볼 수 없는 존재가 되었다. 스스로가 만든 허상의 나무를 보느라 먼발치에서 현상을 똑바로 바라볼 수 없었던 셈이다.

　반면에 조직의 관점에서 이 둘의 상황을 바라볼 경우 갈등 자체만을 봐서는 안 된다. 조직으로서 이 문제를 바라볼 땐 한 가지 가정이 필요한데, 회사는 결국 '이익집단'이라는 전제다. 이것을 바탕으로 회사라는 조직은 이익이 되는 방향으로 항상 생각하고 행동해야 한다는 점이다. 그렇다면 김 과장과 김 사원의 사건 역시 갈등 그 자체보다는 사후 조직에 더 도움이 되는 방향으로 시스템을 개선하는 데 초점을 두어야 한다. 김 과장은 관리자인 개인으로서도 조직의 일원으로서도 자신만의 굴레를 벗어나 먼발치에서 객관적으로 모든 상황을 조망하고 판단했어야 한다. 숲을 볼 수 있는 시야가 생겼다면 이익이 되는 방향, 즉 조직의 발전을 위한 해결책과 개선점을 찾았어야 한다. 결론적으로 갈등이 생겼을 때 객관적으로 냉철하게 상황을 판단하고, 개선을 위한 해결책을 찾아가는 노력을 하는 게 더 중요하다. 갈등 그 이면의 기회를 발견하고, 재발 방지를 위해 굴레에서 벗어나면 적어도 김 과장과 같은 실수를 범하지는 않을 것이다.

전설적인 팀메이트 마이클 조던과 스티브 커

농구의 황제 마이클 조던Michael Jordan과 동료 스티브 커Steve Kerr 의 일화로 김 과장의 이야기를 마치려고 한다.

최고의 실력을 가진 조던은 중요한 순간에 본인이 결정짓는 걸 즐기는 승부사적 기질이 있었다. 그는 언제나 승리를 갈망했고, 그 어떤 선수보다 경쟁심이 강했다. 이런 무시무시한 승부욕은 때로는 주변 사람들을 너무나 힘들게 했다. 움직임이 둔하거나 팀 연습을 따라오지 못하는 선수들을 무섭게 몰아붙였다. 시카고 팀원들은 연습 시 항상 엄청나게 긴장을 했고, 조던은 그러한 팀의 왕 같은 존재였다. 언제나 최고의 모습을 보여주던 조던이 1995년 몸 상태가 좋지 않아 부진한 성적으로 시즌을 마무리했을 때였다. 시즌을 마친 조던의 머릿속에는 오로지 자신의 건재함을 증명해야 한다는 생각뿐이었다. 경쟁심으로 활활 타오르던 조던은 본인의 스타일대로 팀원들을 거칠게 몰아붙였다.

그러던 어느 날, 스티브 커라는 동료 선수가 감독의 지시하에 조던의 전담 마크로 연습 게임을 했다. 부드러운 인상에 비교적 왜소한 체격인 그를 조던은 항상 함부로 대했다. 하지만 웬일인지 그날따라 스티브 커는 조던에게 밀리지 않고 치열하게 몸싸움을 벌였다. 평소 무시했던 스티브가 거칠게 굴자, 조던은 주먹으로 그의 눈을 가격했다. 이에 스티브 커는 가만히 있지 않고 주변 물건들을 집어던지며 난동을 부렸다. 예상치 못한 그의 반격에 팀원들도 곧 최악의 상황이 닥칠 거라고 생각했다. 그러나 우려와는 달리 다음 날 시퍼렇게 멍이 든 스티브 커에게 조던이 정중하게 사과를 했다. 성질을 못 이기고 감정적으로 상대한 것에 대한 진심 어린 사과였다. 자존심이 강한 그가 본인의 감정적 행동을 사과하고, 그동안 팀원들에게 한 잘못된 행동에 대해 진심 어린 반성까지 했다.

스티브 커 역시 조던의 사과를 받아들였고, 이 문제가 징계로 넘어가는 것을 반대했다. 그의 관대함에 조던은 존경심이 생겼고, 커의 승부 근성을 높이 평가해 존중하게 되었다.

시간이 흘러 1997년 NBA 파이널 6차전에서 경기 종료 25초 전 타임아웃을 불렀을 때 스티브 커는 마이클 조던에게 마지막 슛을 쏘라고 말했다. 예상과는 달리 조던은 스티브에게 마지막 슛을 양보했다. 4차전에서 이미 결정적인 슛에 실패했음에도 불구하고 조던은 그를 믿고 마지막 위닝슛을 양보했다. 결국 종료 직전 스티브 커의 파이널 슛으로 시카고는 승리했다. 서로 간의 갈등에서 시작되었지만 호의적인 두 사람의 관계는 은퇴할 때까

에필로그

지 이어졌고, 그들은 최고의 팀메이트가 되었다. 팀 역시도 이 사건 이후 원팀으로 뭉치게 되어 시카고는 우승 행보를 이어가며 전설적인 팀이 되었다.[1]

훌륭한 리더는 세대를 뛰어넘는다

인터뷰를 진행하던 중 세대를 뛰어넘어 생각지 못한 갈등이 심화되는 사례를 자주 발견할 수 있었다. 이른바 젊은 꼰대라고 불리는 '젊꼰'과의 갈등이 그 대표적인 사례다. 세대 간의 갈등보다 비슷한 나이대의 상사와 갈등의 골이 더 깊었다. 반면에 나이 차이가 많이 남에도 불구하고 젊은 세대들에게 인정받는 기성세대들도 적지 않았다. 그들은 어느 조직에 있든, 어떤 세대와 함께하든 구성원들에게 인정받는 리더로서 자리를 굳건히 지켰다. 젊은 꼰대와의 갈등과 밀레니얼 세대와도 잘 지내는 기성세대의 모습에서 흥미로운 몇 가지 사실을 발견할 수 있었다.

세대 간의 갈등은 언제나 우리 곁에 있었다는 점이다. 1990년대 인기 가수 DJ DOC의 히트곡인 〈DOC와 춤을〉에는 이런 가사가 나온다. "젓가락질 잘해야만 밥을 먹나요. 잘못해도 서툴러도 밥 잘 먹어요. 그러나 주위 사람 내가 밥 먹을 때 한마디씩 하죠. 너 밥상에 불만 있냐……" 이다음 가사에도 "청바지 입고서 회사에 가"고 싶다거나 "여름 교복이 반바지"였으면 좋겠다는 등 당시의 기성세대에 반하는 표현이 등장한다. 카톡 보고에 화가 난 김 과장도 그때 그 시절에는 지금보다 더 당시 기성세대와의 갈등이 깊었을 수도 있다.

시대가 지나도 세대 간의 갈등은 언제나 우리 곁에 함께했는데 변한 건 뭘까? 세대가 통째로 바뀐 게 아니라 세월이 흐름에 따라 갈등의 소재만 변한 건 아닐까? 그렇기에 세대와 시대의 흐름을 잘 아는 건 조직 생활에 큰 도움이 될 수 있다. 하지만 정말 중요한 것은 세대도 시대도 아니다. 절대 변하지 않았던 '그것'에 주목해야 한다. 젊은 꼰대도, 밀레니얼 세대들과 잘 어울려 지내는 기성세대도 결국 세대와 시대를 뛰어넘었다는 점이다.

절대 변하지 않는 건 '사람'이다. 훌륭한 사람은 세대와 시대를 뛰어넘어 언제나 변함없는 클래스를 보여줄 것이다. 반면에 그렇지 않은 사람은 언제나 변함없는 최악의 클래스를 보여줄 것이다. 훌륭한 리더의 덕은 시대가 지나도 변하지 않았음을 기억해야 한다.

대세를 따르는 것은 정답이 될 수 없다

혹시 여기까지 책을 읽으셨다면 감사하다는 인사와 함께 당부의 말씀을 드리고 싶다. 우리가 지금까지 알아봤던 사례들과 의견은 참고용이지 결국 정답이 아니라는 것이다. 중요한 건 우리 조직의 시스템과 성격에 어떻게 적용해야 하는지를 고민해야 한다는 것이다. 그런 고민 없이 "요즘 이런 게 좋다던데" 혹은 "요즘 친구들은 이래"라고 단정 지어 조직에 적용한다면 큰 피해를 입을 수 있다. 대표적인 예가 바로 '재택근무 폐지 바람'이다.

과거에 업무 효율성을 목적으로 미국의 거대 회사들이 재택근무를 도입했다. 선두 주자였던 IT 기업 IBM이 최근 제도를 도입한 지 24년 만에 전격 폐지했으며 뱅크오브아메리카, 레딧, 베스트바이 등 IT 산업과 금융 및 유통 산업의 대표 주자들이 재택근무 제도를 대폭 줄였다. IBM 측에서는 재택근무가 오히려 직원들의 집중을 방해하고 소통을 단절시킬 뿐 아니라, 자유롭게 아이디어를 주고받기가 어려웠다고 밝혔다. 따라서 업무 효율성이 떨어지는 재택근무를 폐지했다는 입장이었다. 신기하게도 근무 형태를 바꾸자 직원들의 업무 효율이 향상되었으며, 전자제품 유통업체인 베스트바이의 경우 생산성이 두 배 이상 늘었다.[2]

조직의 위계질서를 완전히 파괴했던 세계적인 온라인 쇼핑몰 자포스Zappos 또한 조직 문화의 변화의 시도에 따른 어려움을 겪고 있다. '홀라크라시Holacracy'라는 형태의 팀 단위로 운영하면서 모든 직원이 동등한 위치에서 업무를 수행하며 각자 책임을 진다. 구성원들의 지위는 모두 같다. 모든 직원이 동등한 입장에서 누구나 자신의 목소리를 낼 수 있게 하고자 하는 의도였다. 이와 같은 변화를 받아들이기 어려운 직원들에게는 퇴직 장려금까지 지급하면서 급진적인 변화를 꾀했으나 떠난 직원의 대다수가 관리자급이었으며, 직위와 연관된 동기부여에 문제가 생기게 되었다.

또한 일부 주니어는 리더급의 책임과 권한을 감당하기 어려워했다. 리더의 부재로 목소리가 큰 사람의 의견을 따르거나, 결정을 내리는 사람이 자신의 목소리를 뚜렷하게 내지 못하는 상황까지 벌어졌다. 자포스의 사례는 '수평적이고 유연한 조직 문화'에 대한 급진적인 변화가 어떤 어려움을 주는지 잘 보여준다.[3]

세대 〈 시대 〈 사람

지금까지 밀레니얼 세대의 특징과 함께 그들과 잘 지내기 위해서는 어떻게 해야 하는지에 대해 알아보았다. 멀리 돌아왔지만 '세대〈시대〈사람'이라는 결론을 내릴 수 있었다. 밀레니얼 세대는 외계인이 아니다. 우리와 똑같은 인간이고 멀지 않은 과거의 나일 수도 있다. 다만 시대가 변했을 뿐이다. 그리고 세대와 시대를 뛰어넘는 리더가 되는 것이 그들과 가장 잘 지낼 수 있는 모범 답안이다. 앞서 살펴본 많은 사례를 통해 역량 있는 리더가 되기 위한 네 가지 전제 조건을 도출해낼 수 있다.

첫째, 유능해야 한다.

시대가 변했다. 결코 경력만으로 선망받는 리더가 될 수는 없다. 누군가를 지적하기에 앞서 자신의 능력에 대한 재평가가 필요하다. 능력 있는 자만이 효율적인 업무 분배와 관리자로서의 소양을 갖출 수 있기 때문이다.

둘째, 책임감이 있어야 한다.

권한에는 항상 책임이 따른다. 1995년 부진했던 마이클 조던도, 5대 0으로 평가전마다 패배를 달고 살았던 히딩크도 결코 팀원들을 탓하지 않았다. 모든 책임 소재를 본인이 떠안았다. 리더로서 책임감이 없다는 말은 어찌 됐든 아무런 책임도 지지 않겠다는 것과 같다. 어떤 직원도 이런 리더와는 함께하고 싶지 않을 것이다. 당연한 이야기지만 리더라면 꼭 책임감을 느껴야 한다.

셋째, 끊임없이 공부해야 한다.

시대의 흐름은 갈수록 빨라진다. 냉정한 이야기지만 우리가 이러한 흐름을 따라가지 못한다면 도태될 수밖에 없다. 인구는 점점 줄어도 세계는 더욱 글로벌화될 것이다. 끊임없이 공부하지 않는다면 우리와 함께 일할 사람이 있을까? 죽는 그날까지 우리는 배움을 놓쳐선 안 될 것이다.

넷째, 사람에게 집중해야 한다.

개인의 라이프스타일에 대한 관심과 중요도는 나날이 높아지고 있다. 반면에 인구는 점점 줄어들고 있다. 더욱이 AI 시대가 온다면 인간의 일자리는 자연스럽게 줄어들 것이다. 인적 자원 경쟁은 점점 심화될 것이며, 개개인의 라이프스타일에 대한 관심 없이는 시대에 맞는 좋은 조직을 꾸리기 힘들 수도 있다. 그리고 가장 중요한 점은, 결국 회사 일은 사람과 사람이 만나서 하는 일이라는 사실이다. 한 개의 구성품이 아닌 함께하는 구성원으로 생각하고 대한다면 세대의 갈등을 뛰어넘어 좋은 조직을 이끄는 리더가 될 수 있을 것이다. 더불어 "너 자신을 알라"는 소크라테스의 말처럼 조직의 리더인 자신의 업무 스타일을 되돌아볼 수 있어야 한다.

마지막으로, 『어린 왕자』의 저자 생텍쥐페리의 말을 인용하면서 이 내용을 마치고자 한다.

"배를 만들고 싶다면 사람들을 시켜 나무를 모으고 역할을 나누고 명령을 내리면서 북을 칠 것이 아니라, 거대하고 끝없는 바다를 갈망하게 만들어라."

밀레니얼 세대, 그리고 그 세대의 중심에 있는 '나' 자신이 사회생활을 하는 동안 그 누구도 '거대한 바다'를 어떻게 보아야 하는지 알려주지 않았다는 것을 깨달았다. 똑똑한 누군가는 지도가 없어도 스스로 갈망하고 이루겠지만 모두가 생텍쥐페리일 수는 없다. 바다를 꿈꾸게 해줄 '어른들'을 늘 기다려왔고, 나타나지 않음에 실망도 많이 했다.

그러나 산타클로스의 정체가 알고 보면 자식을 사랑하는 아버지였듯, 우리가 그토록 기다리던 '어른들'은 항상 우리 곁에 있었다. 서로의 언어와 몸짓을 이해하고자 하는 노력이 부족했다는 것을 이 책을 준비하면서 깨달았다. 아빠 산타클로스가 자녀를 기쁘게 할 선물을 고민하듯, 조직의 리더들은 밀레니얼 세대와의 윈윈을 고민한다. 부디 이 책을 통해 밀레니얼 세대, 1990년대생을 이해하고자 하는 모든 조직과 기성세대들의 노력이 헛되지 않기를, 밀레니얼 세대와의 공생을 걱정하는 모든 김 팀장님들의 고민을 덜어줄 수 있기를 기대한다.

이 책은 밀레니얼 세대와의 만남과 대화에 시간과 노력을 아끼지 않았던 이찬 공동 저자의 도움이 없었다면 세상에 빛을 보기 힘들었을 것이다. 또한, 비록 익명으로 에피소드에 소개되었지만 이 책을 위하여 기꺼이 자신의 이야기를 나누어준 모든 김 사원님과 김 팀장님들께 무한한 감사의 인사를 전한다.

2019년 11월

박소영·이찬

프롤로그

1) 고재연, 「산업화 세대→베이비부머→X세대→밀레니얼 세대→Z세대······세대별로 성장 배경과 소비 패턴·가치관이 모두 다르죠~」, 한국경제, 2018년 10월 15일.
2) 「'미래 기업 운영의 뇌관' 밀레니얼 세대 공략법」, SAMSUNG Newsroom, 2018년 1월 31일.

Part 1 Want 밀레니얼은 어떤 직장을 원하는가

1) 김동기, 「한국 직장인 47퍼센트 '우리 회사 채용 불공정'」, BI KOREA.
2) 김효정, 「꼰대, 밀레니얼과 함께 일하다」, 주간조선.
3) 「2019년 6월 고용동향」, 통계청.
4) 구정우, 「2030세대에게 배우는 '공정'과 '정의'」, 조선일보.
5) 「공정성」, 표준국어대사전.
6) 「세대별 일과 동료에 대한 인식 조사」, 대학내일20대연구소.
7) 김성회, 「김성회의 3세대 소통병법: 지각한 직원 야단치면 '지각' 없는 상사?」, 매일경제, 2019년 3월 25일.
8) 이민정, 「대한민국 직장인, 출퇴근 시간 '평균 103분'······길 위에선 뭘 할까」, 중앙일보, 2019년 3월 7일.
9) 김종일, 「밀레니얼 세대, '반반차'는 왜 없나요······이들에게 사랑받는 회사는」, 시사저널, 2019년 4월 8일.
10) 이미리 문토 대표, 「밀레니얼 세대가 일하는 '다른 방식'」, 시사저널, 2019년 5월 13일.
11) 「베이비부머+Y세대=인재의 보고」, 동아비즈니스리뷰, 2009년 8월 issue2.
12) 「동료 관계에 대한 세대별 인식 비교」, 대학내일20대연구소.
13) 주소현, 「사생활 TMI는 피곤······ 차라리 무슨 치킨 좋아하냐고 물어보세요」, 한국일보, 2019년 5월 28일.
14) 박선우, 「'요즘 애들 대단해' 신입사원이 짐 싸서 나간 사연」, 국민일보, 2019년 2월 23일.

15) 김성회, 「김성회의 3세대 소통병법: 1년 차부터 퇴사 고민하는 '밀레(밀레니얼 세대)' 잡으려면……」, 매일경제, 2019년 2월 25일.

16) Kristie Rogers, "Do Your Employees Feel Respected?", *Harvard Business Review*, THE JULY-AUGUST 2018 ISSUE. ("당신의 직원들은 존중받고 있는가?", 「HBR Korea」)

17) 「오피스 다큐멘터리 '마흔, 팀장님은 왜 그럴까'」, SBS 스페셜, 557회.

18) 「잡무」, 표준국어대사전.

19) 김성회, 「김성회의 3세대 소통병법: 잡무에도 혼을 담아라 vs 본업무는 언제?」, 매일경제, 2019년 4월 22일.

20) 이효상, 「직장인 하루 평균 70분, 잡무로 허비……경영·사무직무 82분으로 최고」, 아웃소싱타임즈, 2019년 6월 24일.

21) 조장현, 「청계광장: 밀레니얼세대와 일하는 법」, 머니S, 2017년 6월 27일.

22) 김태영, 「밀레니얼 세대의 직무 몰입」, 한국오라클, Summer 2017.

23) Sarah Landrum, "How Millennials Are Changing How We View Success", *Forbes*, 2016.12.30.

24) Thor Olavsrud, 「20대 직원, 어떻게 다룰 것인가?」, CIOKorea, 2012년 7월 25일.

25) 이소연, 「밀레니얼 세대 억울함 풀려면……베이비붐 세대의 오해」, 머니투데이, 2019년 3월 9일.

26) 한정연, 「성인 교육 시장의 이유 있는 질주, 업무·퇴사·인생까지 학원에서 배운다」, 중앙일보, 2017년 8월 12일.

27) 한영준, 「신입사원은 어떤 기준으로 직장 선택할까」, 파이낸셜타임스, 2018년 11월 6일.

28) Betsy Klein, "President Barack Obama: 'YOLO man'", *CNN*, 2015.02.12

29) 조민정, 「'경제전망 긍정적' 韓밀레니얼 세대 13퍼센트……세계 평균 26퍼센트」, 연합뉴스, 2019년 5월 21일.

30) 유선희, 「90년생의 경제①: 아직도 흥청망청? '욜로'하다 '골로' 갈까 노심초사」, 한국금융신문, 2019년 7월 31일.

31) 배소진, 「밀레니얼 세대 놓쳤던 기업들이 Z세대 잡는 법」, 머니투데이, 2019년 4월 19일.

32) 박수지, 「밀레니얼 세대, 10년 전 2030보다 보험가입 안 한다」, 한겨레, 2019년 8월 4일.

33) 허백윤, 김지예, 「중요한 건 '나'……거창한 성공? 재미있게 사는 거죠」, 서울신문, 2019년 7월 17일.

1) "Company info," Spotify.

2) Tora Northman, "Beyoncé's 'LEMONADE' Is Finally Available on Spotify and Apple Music", *HYPEBAE*, 2019.04.23.

3) 「직장생활 미리보기-인사불성」, 한국직업방송 유튜브.

4) 뉴시스, 「직장 내 밀레니얼 세대, 10점 만점에 5.7점……책임감 부족 vs 창의성 우수」, 동아일보, 2019년 9월 2일.

5) 클래스원오원, 「입사 직원을 위한 생활 안내 가이드북 만들기」, 클래스101 브런치, 2019년 8월 6일.

6) 홍의숙, 김재은, 「코칭한다며 문제점만 말하고 끝? 밀레니얼 세대는 소통이 고프다」, 동아비즈니스리뷰, 2018년 12월 issue1.

7) 최효정, 「방시혁 빅히트 대표 서울대 졸업식 축사」, 조선일보, 2019년 2월 26일.

8) 최새봄, 「이효리가 아이에게 전한 '진실된 조언'……그냥 아무나 돼」, SBS 뉴스, 2017년 8월 3일.

9) 박상현, 「나, 혹시 꼰대? 아는 척·위해주는 척·있는 척……꼰대 인증 '3척 세트'」, 조선일보, 2017년 2월 22일.

10) 고현숙, 「상대평가 결과는 대부분 승복 안 해. 피드백과 코칭으로 팀워크 키워라」, 동아비즈니스리뷰, 2018년 12월 issue1.

11) 로버트 케건, 리사 라헤이, 앤디 플레밍, 메튜 밀러, 「이 회사 직원들은 왜 개인적 약점까지 공개할까?」, HBRKorea, 2014년 4월.

12) 유호현, 『이기적 직원들이 만드는 최고의 회사』, 스마트북스.

13) "Netflix culture: freedom & responsibility", Netflix.

14) 잡코리아, 「10년차 직장인, 평균 4차례 이직 경험……이유는 '낮은 연봉'」, 연합뉴스, 2019년 5월 27일.

15) 권경원, 「토요워치: 평생직장? 이제는 '잡호핑' 시대……네트워크 채용시장이 뜬다」, 서울경제, 2019년 8월 30일.

16) 「90년대생을 맞이할 준비가 되었는가」, 교보문고 북모닝.

17) 「초일류기업 P&G……마케팅 사관학교……인사관리 투명」, 매일경제, 1999년 1월 4일.

18) 박준형, 「12년 버틴 '전설'이 말하는……아마존 정글의 법칙」, 2019년 3월 29일.

19) 「시사금융용어: 페이팔 마피아(Paypal Mafia)」, 연합뉴스, 2018년 4월 19일.

20) 송현, 「배워가서 창업하라……업계 주름잡는 '배민 마피아(배달의민족) 출신 창업가들'」, 조선이코노미, 2019년 5월 25일.

1) 김성남, 「'최고 직장' 구글이 부럽다고? CEO의 의사결정이 곧 조직 문화다」, 동아비즈니스리뷰, 2014년 11월 issue2.

2) 「놀면 뭐 하니-유플래쉬 편」, MBC.

3) 김호, 「뮤지션에게 배우는 밀레니얼 소통법(직장인을 위한 김호의 '생존의 방식')」, 동아일보, 2019년 9월 11일.

4) 닐슨코리아 왓츠넥스트.

5) 「직장인들이 가장 좋아하는 사내 복지는?」, 디지틀조선일보, 2018년 8월 1일.

6) 「안 뻔한 직원복지: 해외 스타트업 사례」, W trend lab, 2018년 1월 26일.

7) 최영진, 「대기업이 배운다는 우아한형제들 '피플팀'」, 중앙시사매거진, 2018년 11월 23일.

8) 「기업 문화에 대해서」, beSUCCESS, 2012년 11월 7일.

9) 「샌드박스 '대한민국 일자리 으뜸 기업' 선정」, 샌드박스네트워크, 2019년 8월 23일.

10) 남태화, 「할리데이비슨, '2019 웨이크업 투어' 개최……전국 6개 지점 라이더 1500여 명 참가」, 고카넷, 2019년 2월 25일.

11) 손선희, 「'배짱이' 두둑하니 성공……수천명 팬덤 이끄는 '배달의민족' 브랜드 파워」, 아시아경제, 2018년 4월 10일.

12) 조성미, 「8,888명에 들려면 줄을 서시오」, THE PR, 2019년 2월 25일.

13) 안희정, 「에어비앤비, 다양성·소속감 총괄에 '멜리사 C. 토마스헌트'」, ZDNET Korea, 2019년 5월 10일.

14) 리오 퍼디낸드, 『두 얼굴의 센터백』, 풋볼리스트, 2015년.

15) 조형래, 「알렉스 퍼거슨 卿의 리더십」, 조선일보, 2018년 4월 19일.

16) 거스 히딩크, 『마이웨이-히딩크 자서전』, 조선일보사, 2002년.

17) 박지성, 『멈추지 않는 도전』, 랜덤하우스코리아, 2006년.

에필로그

1) "Michael Jordan Documentary", ESPN SportsCentury.

2) 최영아, 「재택근무, 폐지했더니 4년 뒤 생산성 두 배로? ……역시 얼굴 보고 일하는 게 최고」, 아시아경제, 2017년 7월 27일.

3) 양회술, 「조직 문화 변화 시도로 어려움을 겪는 자포스」, 충청투데이, 2019년 7월 17일.

밀레니얼은 처음이라서

초판 1쇄 발행 2019년 11월 5일
초판 3쇄 발행 2021년 1월 5일

지 은 이 박소영·이찬
발 행 인 한수희
발 행 처 KMAC
편 집 장 이창호
책임편집 최주한
홍보·마케팅 김선정, 박예진, 이동언
디 자 인 이든디자인
출판등록 1991년 10월 15일 제1991-000016호
주   소 서울 영등포구 여의공원로 101, 8층
문의전화 02-3786-0752 **팩스** 02-3786-0107
홈페이지 http://kmacbook.kmac.co.kr

ⓒKMAC, 2019
ISBN 978-89-90701-12-1 03320

값 14,000원
잘못된 책은 바꾸어 드립니다.